本書の特長と使い方

この本は，中学 1 年生で習う 5 教科のうち，必ず覚えておきたい基本事項や，試験によく出る重要事項を，スキマ時間にどこでも手軽に確認できます。

スマホで取り組める一問一答形式の ICT コンテンツが付いており，本とスマホのどちらを用いても学習できるようになっています。

●本と赤シートを使って確認！

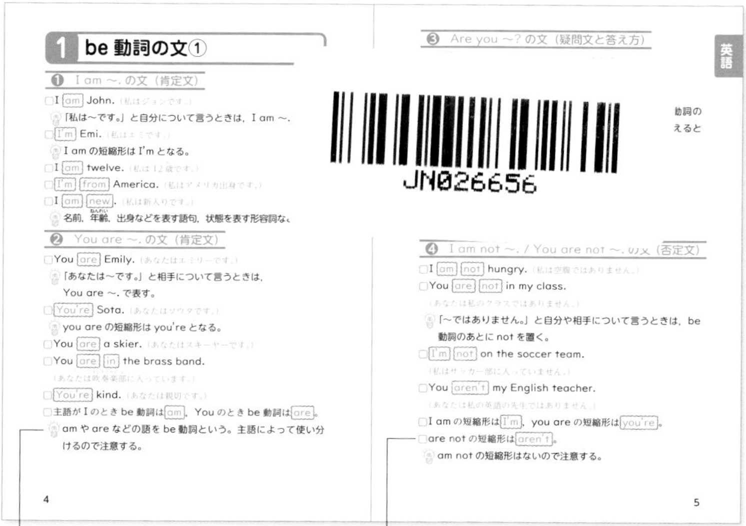

1 be 動詞の文①

❶ I am ～. の文（肯定文）

□I am John.（私はジョンです。）

「私は～です。」と自分について言うときは，I am ～.

□I'm Emi.（私はエミです。）

I am の短縮形は I'm となる。

□I am twelve.（私は 12 歳です。）

□I'm from America.（私はアメリカ出身です。）

□I am new.（私は新入りです。）

名前，年齢《ねんれい》，出身などを表す語句，状態を表す形容詞な

❷ You are ～. の文（肯定文）

□You are Emily.（あなたはエミリーです。）

「あなたは～です。」と相手について言うときは，You are ～. で表す。

□You're Sota.（あなたはソウタです。）

you are の短縮形は you're となる。

□You are a skier.（あなたはスキーヤーです。）

□You are in the brass band.（あなたは吹奏楽部に入っています。）

□You're kind.（あなたは親切です。）

□主語が I のとき be 動詞は am，You のとき be 動詞は are。

am や are などの語を be 動詞という。主語によって使い分けるので注意する。

4

❸ Are you ～? の文（疑問文と答え方）

英語

動詞の

えると

❹ I am not ～. / You are not ～. の文（否定文）

□I am not hungry.（私は空腹ではありません。）

□You are not in my class.（あなたは私のクラスではありません。）

「～ではありません。」と自分や相手について言うときは，be 動詞のあとに not を置く。

□I'm not on the soccer team.（私はサッカー部に入っていません。）

□You aren't my English teacher.（あなたは私の英語の先生ではありません。）

□I am の短縮形は I'm，you are の短縮形は you're。

□are not の短縮形は aren't。

am not の短縮形はないので注意する。

5

公式や知識，注意点などを補足して説明しています。

簡単な例題や暗記事項を，箇条書きで端的にまとめています。

●スマホやタブレットを使って確認！

下の QR コード，または各教科のもくじにある QR コードから，本書の内容を一問一答形式で確認できます。

PCから https://cds.chart.co.jp/books/7hw2lr6dfr#000

この本で学ぶ内容が一問一答になっていて，手軽に確認できるね！

数研公式キャラクター
数犬《すうけん》チャ太郎《たろう》

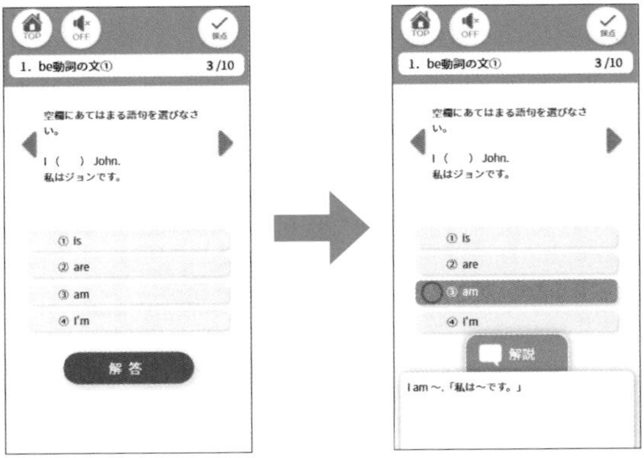

便利な使い方

最初に QR コードを読み込んだ際，ページをホーム画面に追加することで，その後は毎回 QR コードを読み込まなくても起動できるようになります。詳しくは，左上のメニューバーの「≡」▶「ヘルプ」▶「便利な使い方」をご覧ください。

QR コードは，株式会社デンソーウェーブの登録商標です。内容は予告なしに変更する場合があります。通信料はお客様のご負担となります。Wi-Fi 環境での利用をおすすめします。また，初回使用時は利用規約を必ずお読みいただき，同意いただいたうえでご使用ください。

英 語

スマホで一問一答！

1 be 動詞の文①

❶ I am ～. の文（肯定文）

□I am John.（私はジョンです。）

「私は～です。」と自分について言うときは，I am ～. で表す。

□I'm Emi.（私はエミです。）

I am の短縮形は I'm となる。

□I am twelve.（私は 12 歳《さい》です。）

□I'm from America.（私はアメリカ出身です。）

□I am new.（私は新入りです。）

名前，年齢《ねんれい》，出身などを表す語句，状態を表す形容詞などが続く。

❷ You are ～. の文（肯定文）

□You are Emily.（あなたはエミリーです。）

「あなたは～です。」と相手について言うときは，
You are ～. で表す。

□You're Sota.（あなたはソウタです。）

you are の短縮形は you're となる。

□You are a skier.（あなたはスキーヤーです。）

□You are in the brass band.
（あなたは吹奏楽《すいそうがく》部《ぶ》に入っています。）

□You're kind.（あなたは親切です。）

□主語が I のとき be 動詞は am，You のとき be 動詞は are。

am や are などの語を be 動詞という。主語によって使い分けるので注意する。

❸ Are you ～? の文（疑問文と答え方）

□ Are you Kota?（あなたはコウタですか。）

— Yes, I am.（はい，そうです。）

— No, I'm not.（いいえ，そうではありません。）

「あなたは～ですか。」と相手にたずねるときは，be 動詞の are を you の前に出して，Are you ～? と表す。答えるときは，I と am を使う。

□ Are you a dancer?（あなたはダンサーですか。）

— Yes, I am.（はい，そうです。）

□ Are you good at soccer?

（あなたはサッカーが得意ですか。）

— No, I'm not.（いいえ，得意ではありません。）

❹ I am not ～. / You are not ～. の文（否定文）

□ I am not hungry.（私は空腹ではありません。）

□ You are not in my class.

（あなたは私のクラスではありません。）

「～ではありません。」と自分や相手について言うときは，be 動詞のあとに not を置く。

□ I'm not on the soccer team.

（私はサッカー部に入っていません。）

□ You aren't my English teacher.

（あなたは私の英語の先生ではありません。）

□ I am の短縮形は I'm，you are の短縮形は you're。

□ are not の短縮形は aren't。

am not の短縮形はないので注意する。

2 be 動詞の文②

❶ He[She] is ～. の文（肯定文）

□This is Sho. He is a singer.

（こちらはショウです。彼《かれ》は歌手です。）

□This is Mika. She is kind.

（こちらはミカです。彼女《かのじょ》は親切です。）

男性には he，女性には she を使う。is は be 動詞。

□That is Tom. He's from America.

（あちらはトムです。彼はアメリカ出身です。）

□That is Ms. Brown. She's my teacher.

（あちらはブラウン先生です。彼女は私の先生です。）

he is の短縮形は he's，she is の短縮形は she's となる。

❷ This[That/It] is ～. の文（肯定文）

□This is my book.（これは私の本です。）

□That's a small bird.（あれは小さな鳥です。）

近くのものや人を指すときは this，遠くのものや人を指すときは that を使う。that is の短縮形は that's となる。

□This is Lisa.（こちらはリサです。）

人物を紹介《しょうかい》するときに，This is ～. は「こちらは～です。」，That is ～. は「あちらは～です。」という意味になる。

□That's a Chinese restaurant. It's new.

（あれは中華《ちゅうか》料理店です。それは新しいです。）

it は「それは」という意味。it is の短縮形は it's となる。

❸ is の疑問文と答え方

□ Is she my classmate?（彼女は私のクラスメイトですか。）

— Yes, she is.（はい，そうです。）

— No, she isn't.（いいえ，ちがいます。）

疑問文は be 動詞の is を he [she] の前に出す。答えるときは，he [she] と is を使う。is not の短縮形は isn't となる。

he [she] isn't は he's [she's] not としてもよい。

□ Is he a teacher?（彼は教師ですか。）

— Yes, he is.（はい，そうです。）

— No, he's not.（いいえ，ちがいます。）

□ Is that a library?（あれは図書館ですか。）

— No, it is not. It's a gym.

（いいえ，ちがいます。あれは体育館です。）

Is this [that] ～? に対して答えるときは，it と is を使う。

❹ is の否定文

□ Yoko is not from Korea.

（ヨウコは韓国《かんこく》出身ではありません。）

否定文は be 動詞の is のあとに not を置く。

□ Mr. Suzuki is my math teacher. He's not tall.

（スズキ先生は私の数学の先生です。彼は背が高くありません。）

□ That's not a soccer ball.

（あれはサッカーボールではありません。）

□ This isn't true.（これは正しくありません。）

this is は短縮できない。

□ She isn't my sister.（彼女は私の姉[妹]ではありません。）

3 一般動詞の文

❶ 一般動詞の肯定文

□I play tennis every day.（私は毎日テニスをします。）

□I usually watch TV.（私はたいていテレビを見ます。）

□I go to the library every Sunday.
（私は毎週日曜日に図書館に行きます。）

□You live in America.（あなたはアメリカに住んでいます。）

一般《いっぱん》動詞には play などの動作を表すものと，live などの状態を表すものがある。

□You like music.（あなたは音楽が好きです。）

□You talk with Ms. Yamamoto.
（あなたはヤマモトさんと話します。）

❷ 一般動詞の疑問文と答え方

□Do you know Tom?（あなたはトムを知っていますか。）
— Yes, I do.（はい，知っています。）
— No, I do not.（いいえ，知りません。）

一般動詞を使った疑問文は do を文頭に置く。答えるときは do を使う。

□Do you speak Japanese?
（あなたは日本語を話しますか。）
— Yes, I do.（はい，話します。）
— No, I don’t.（いいえ，話しません。）

do not の短縮形は don’t となる。

□Do you have a pet?

（あなたはペットを飼っていますか。）

— Yes, I do. I have two dogs.

（はい，飼っています。私はイヌを２匹《ひき》飼っています。）

have は「持っている」という意味のほかに，「(イヌなど)を飼う」，「(食べ物など)を食べる」という意味もある。

□What do you study every day?

（あなたは毎日何を勉強しますか。）

— I study English.（私は英語を勉強します。）

what や how などの疑問詞を使った疑問文は，疑問詞を文頭に置く。そのあとに疑問文の形を続ける。

□How do you come to school?

（あなたはどうやって学校に来ますか。）

— I come to school by bike.

（私は自転車で学校に来ます。）

❸ 一般動詞の否定文

□I do not walk to school.

（私は学校に歩いて行きません。）

一般動詞の否定文は動詞の前に do not[don’t] を置く。

□I don’t go to the library.（私は図書館に行きません。）

□You do not eat breakfast.（あなたは朝食を食べません。）

□You don’t play the piano.（あなたはピアノをひきません。）

play「(楽器)を演奏する」のあとに続く楽器名の前には the をつける。

4 can の文

❶ can の肯定文

□I can sing well.（私は上手に歌うことができます。）

「～できる」というときは，can を使う。can は動詞の前に置く。

□I can speak Chinese.（私は中国語を話すことができます。）

□You can study in this room.

（あなたはこの部屋で勉強することができます。）

can には「～できる」という『能力』の意味と，「～することが可能である」という『可能』の意味がある。

□That is Yuri. She can swim fast.

（あちらはユリです。彼女《かのじょ》は速く泳ぐことができます。）

can のあとの動詞は原形(＝もとの形)になる。can は助動詞と呼ばれる。

❷ can の疑問文と答え方

□Can you ride a bike?

（あなたは自転車に乗ることができますか。）

— Yes, I can.（はい，できます。）

— No, I cannot[can't].（いいえ，できません。）

たずねるときは can を文頭に置く。答えるときは can を使う。cannot の短縮形は can't となる。

□Can you cook curry and rice for dinner?

（あなたは夕食にカレーライスを作ることができますか。）

— Yes, I can.（はい，できます。）

— No, I cannot[can't].（いいえ，できません。）

□Can he write Spanish?

(彼《かれ》はスペイン語を書くことができますか。)

— Yes, he can. (はい，できます。)

— No, he cannot[can't]. (いいえ，できません。)

□Can your mother play the guitar?

(あなたのお母さんはギターをひくことができますか。)

— Yes, she can. (はい，できます。)

— No, she cannot[can't]. (いいえ，できません。)

□What can you see here?

(あなたはここで何を見ることができますか。)

— I can see many beautiful stars.

(私はたくさんの美しい星を見ることができます。)

□Who can bake a cake well?

(だれが上手にケーキを焼くことができますか。)

— Julie can. (ジュリーです。)

❸ can の否定文

□I cannot[can't] drink coffee.

(私はコーヒーを飲むことができません。)

否定文は動詞の前に cannot[can't] を置く。

□You cannot[can't] go jogging every night.

(あなたは毎晩，ジョギングに行くことはできません。)

□He cannot[can't] dance well.

(彼は上手におどることができません。)

□She cannot[can't] find her key in her bag.

(彼女は彼女のかばんの中にかぎを見つけることができません。)

5 命令文，依頼の文

① 命令文

□ Say loudly.（大きな声で言いなさい。）

「～しなさい」と相手に指示などを出すときは，動詞の原形で文を始める。

□ Be quiet in the library.

（図書館の中では静かにしなさい。）

形容詞を使った命令文は be 動詞の原形の be を文頭に置く。

□ Clean your room, please.

（あなたの部屋を掃除《そうじ》してください。）

□ Please call me later.（あとで私に電話してください。）

please を文頭または文末に置くと，「～してください」という丁寧《ていねい》な表現になる。文末に置く場合はコンマ(,)を使う。

② 否定の命令文

□ Don't run here.（ここで走ってはいけません。）

否定の命令文は文頭に don't を置く。禁止の意味を表す。

□ Don't swim in this lake.

（この湖で泳いではいけません。）

□ Don't be angry.（怒ってはいけません。）

□ Please don't use this chair.

（このいすを使わないでください。）

否定の命令文も，文頭か文末に please を置くと丁寧な表現になる。

③ 提案の文

□Let's go to the park.（公園に行きましょう。）

「〜しましょう。」と相手に提案する文はlet'sの後ろに動詞の原形を置く。

□Let's run together.（一緒《いっしょ》に走りましょう。）

□Let's play baseball.（野球をしましょう。）

□Let's meet at the station at seven o'clock.
（7時に駅で会いましょう。）

④ canを使った許可や依頼を表す文

□Can I open the window?（窓を開けてもよいですか。）
— Sure.（もちろんです。）
— Sorry, but you can't.（すみませんが，だめです。）

Can I 〜? で「〜してよいですか。」と許可を求める文になる。

□Can I ask a question?（質問してよいですか。）

□Can you show the picture to me?
（私にその写真を見せてもらえませんか。）
— Of course.（もちろんです。）

Can you 〜? で「〜できますか。」という意味のほかに，「〜してもらえませんか。」と依頼《いらい》の意味を表す文にもなる。

□Can you say that to me again?
（私にもう一度それを言ってもらえませんか。）

□Can you help me with my homework?
（私の宿題を手伝ってもらえませんか。）

〈help＋人＋with 〜〉で「（人）の〜を手伝う」という意味を表す。

6 複数形

❶ 名詞の複数形

□I have three cats. (私は３匹《びき》のネコを飼っています。)

名詞には「数えられる名詞」と「数えられない名詞」がある。数えられる名詞では２つ以上を表すとき，語尾に s か es をつける。

□These trees are ten years old.

(これらの木は樹齢《じゅれい》10年です。)

□I see five boxes on the desk.

(私は机の上に５個の箱が見えます。)

s，x，o，ch，sh で終わる単語は es をつけて複数形にする。

□These cities are crowded. (これらの都市は混雑しています。)

□My children go to a kindergarten.

(私の子どもたちは幼稚園《ようちえん》に通っています。)

□I see a lot of fish in the river.

(私は川にたくさんの魚が見えます。)

名詞の複数形には不規則に変化するものや，単数形と複数形が同じものもある。

複数形の作り方	例
s をつける	dog → dogs，book → books
es をつける	watch → watches
y を i に変えて es をつける	baby → babies
形を変えるもの	man → men，child → children
単数形と複数形が同じ形	fish → fish，sheep → sheep

数えられない名詞：water(水)，tennis(テニス)など。

❷ some と any を使った複数形の文

□ Some students are in the classroom.

（教室の中に何人か生徒がいます。）

数量をはっきり表さないときは，any や some を使う。some「いくらかの～」はふつう肯定文《こうていぶん》で使う。

□ Do you have any brothers?

（あなたは何人かの兄弟がいますか。）

any「いくらかの～」はふつう疑問文と否定文で使う。

□ I don't have any food.

（私は食べ物を少しも持っていません。）

否定文での any は「少しも～(ない)」「1つも～(ない)」という意味になる。

❸ 複数形の主語

□ We are students.（私たちは学生です。）

□ They like movies very much.

（彼《かれ》らは映画がとても好きです。）

主語が複数のときは，一般《いっぱん》動詞は原形になる。

□ John and I are good friends.

（ジョンと私はよい友達です。）

be 動詞は，主語が単数か複数かで使い分ける。数えられない名詞は単数として扱《あつか》う。

<table>
<tr><th>単数形</th><th>be 動詞</th><th>複数形</th><th>be 動詞</th></tr>
<tr><td>I</td><td>am</td><td>we</td><td rowspan="3">are</td></tr>
<tr><td>you</td><td>are</td><td>you</td></tr>
<tr><td>he, she, it など</td><td>is</td><td>they</td></tr>
</table>

7　３人称単数現在の文

❶　一般動詞（３人称単数現在）の肯定文

□He reads a book every morning.（彼《かれ》は毎朝，本を読みます。）

主語が３人称《にんしょう》単数(＝Ｉや you 以外の単数)で現在を表す一般《いっぱん》動詞の文では，動詞に s，es をつける。

s，es のつけ方	例
s をつける	use → uses，eat → eats
es をつける	teach → teaches go → goes
y を i に変えて es をつける	study → studies carry → carries
形を変えるもの	have → has

□She plays volleyball every day.

（彼女《かのじょ》は毎日バレーボールをします。）

□My father lives in Canada.

（私の父はカナダに住んでいます。）

□Bob always tries new things.

（ボブはいつも新しいことに挑戦《ちょうせん》しています。）

□Mr. Sato has some pencils.

（サトウ先生は数本の鉛筆《えんぴつ》を持っています。）

主語が３人称でも複数のとき(they など)は，s，es はつけない。

❷　一般動詞（３人称単数現在）の疑問文と答え方

□Does he want a car?（彼は車がほしいですか。）

— Yes, he does.（はい，ほしいです。）

— No, he does not.（いいえ，ほしくありません。）

一般動詞の３人称単数現在の疑問文は does を文頭に置く。動詞は原形(＝もとの形)になる。答えるときは does を使う。

□ Does she often meet Kaori?

(彼女はよくカオリに会いますか。)

— Yes, she does. (はい，会います。)

— No, she doesn't. (いいえ，会いません。)

does not の短縮形は doesn't となる。

□ Does your city have many famous temples?

(あなたの市にはたくさんの有名なお寺がありますか。)

— Yes, it does. (はい，あります。)

— No, it doesn't. (いいえ，ありません。)

□ What language does Saki speak?

(サキは何語を話しますか。)

— She speaks Japanese and English.

(彼女は日本語と英語を話します。)

❸ 一般動詞（３人称単数現在）の否定文

□ He does not play video games.

(彼はテレビゲームをしません。)

一般動詞の３人称単数現在の否定文は，動詞の前に does not[doesn't]を置く。動詞は原形になるので注意する。

□ She doesn't practice the violin on Tuesday.

(彼女は火曜日にバイオリンを練習しません。)

□ Sara's mother doesn't use this cell phone.

(サラのお母さんはこの携帯《けいたい》電話を使いません。)

□ Taro doesn't know well about that.

(タロウはそのことについてよく知りません。)

□ This singer doesn't stay at the hotel.

(この歌手はそのホテルには滞在《たいざい》しません。)

8 代名詞

❶ 「～が」「～は」（主格）

□ I am Tom.（私はトムです。）

主語としてはたらき，「～が」「～は」の意味を表す。

□ You make breakfast.（あなたは朝食を作ります。）

□ He is a high school student.（彼《かれ》は高校生です。）

□ She often practices soccer.

（彼女《かのじょ》はよくサッカーを練習します。）

□ This is a book. It is old.（これは本です。それは古いです。）

□ They listen to music every day.

（彼らは毎日音楽を聞きます。）

❷ 「～の」（所有格）

□ This is my car.（これは私の車です。）

名詞の前に置き，「～の」の意味を表す。

□ What is your name?（あなたの名前は何ですか。）

□ Ms. Brown sings well. I like her songs.

（ブラウンさんは上手に歌います。私は彼女の歌が好きです。）

□ I like my bag. Its color is pink.

（私は私のかばんが好きです。その色はピンクです。）

□ Our English teacher is Mr. Kawano.

（私たちの英語の先生はカワノ先生です。）

□ Mr. and Ms. Smith always love their children.

（スミス夫妻はいつも彼らの子どもたちを愛しています。）

❸ 「～を」「～に」(目的格)

□He gives a present to me. (彼は私にプレゼントをくれます。)

動詞や前置詞(at や in など)の目的語としてはたらき，「～を」「～に」の意味を表す。

□I like you. (私はあなたが好きです。)

□My computer doesn't work well, so my father repairs it.

(私のコンピュータがうまく動かないので，父がそれを修理します。)

you と it は主格と目的格の形が同じになる。

□Kevin is a famous actor. I know him well.

(ケビンは有名な俳優です。私は彼をよく知っています。)

□I have three dogs. I walk them every day.

(私は３匹《びき》のイヌを飼っています。私は毎日彼らを散歩させます。)

❹ 「～のもの」(所有代名詞)

□This umbrella is mine. (このかさは私のものです。)

１語で〈所有格 + 名詞〉としてはたらき，「～のもの」の意味を表す。

□Which pen is yours? (どのペンがあなたのものですか。)

□These books are his. (これらの本は彼のものです。)

he は所有格と所有代名詞が his で同じになる。

□Lucy's car is next to ours.

(ルーシーの車は私たちのものの隣《となり》にあります。)

代名詞を使わずに「～の」や「～のもの」を表すとき，Lucy's や boys'とする。複数形のときは s のあとに〈'〉をつける。

□Whose is that house? (あの家はだれのものですか。)

— It's theirs. (それは彼らのものです。)

9 What ～? / How ～?

❶ What is ～? の文と答え方

□ What is this?（これは何ですか。）

— It is a notebook.（それはノートです。）

「何」とたずねるときは，what を使う。答えるときは Yes や No ではなく具体的な内容を答える。

□ What's your favorite subject?

（あなたのお気に入りの教科は何ですか。）

— It's English.（それは英語です。）

what is の短縮形は what's となる。

□ What day is it today?（今日は何曜日ですか。）

— It's Monday.（月曜日です。）

❷ What do [does] ～? の文と答え方

□ What do you do in your free time?

（あなたは暇《ひま》なとき何をしますか。）

— I watch a movie.（私は映画を見ます。）

「…は何を～しますか。」とたずねるときは，What do ～? の形。

□ What does he want?（彼《かれ》は何がほしいですか。）

— He wants new shoes.（彼は新しいくつがほしいです。）

□ What sports do you like?

（あなたは何のスポーツが好きですか。）

— I like table tennis.（私は卓球《たっきゅう》が好きです。）

「どんな」「何の」とたずねるときは〈What ＋名詞 ～?〉の形。

❸ How ～? の文と答え方

□ How is the weather today?（今日の天気はどうですか。）

— It is sunny.（晴れです。）

「～はどうですか」や「どのように～」「どんな方法で～」とたずねるときは，how を使う。

□ How do you go to the park?

（あなたはどのように公園に行きますか。）

— I go there by bus.（私はそこにバスで行きます。）

□ How does he clean his room?

（彼はどうやって彼の部屋を掃除《そうじ》しますか。）

— He uses a vacuum cleaner.（彼は掃除機を使います。）

❹ How many ～? などの文と答え方

□ How many books do you have?

（あなたは何冊の本を持っていますか。）

— I have twenty books.（私は 20 冊の本を持っています。）

how many のあとは名詞の複数形を続ける。

□ How old are you?（あなたは何歳《さい》ですか。）

— I'm fifteen.（私は 15 歳です。）

□ How much is this shirt?（このシャツはいくらですか。）

— It's three thousand yen.（それは 3,000 円です。）

□ How long is the bridge?（その橋はどれくらいの長さですか。）

— It's one hundred meters.（それは 100m です。）

how を使い，数，年齢《ねんれい》，値段，ものや時間の長さなどをたずねることができる。

10 When ~? / Where ~? / Why ~?

❶ When ~? の文と答え方

□ When is your birthday?（あなたの誕生日はいつですか。）

— It is April first.（4月1日です。）

「いつ」と時をたずねるときは，when を使う。

□ When is a school trip?（修学旅行はいつですか。）

— It's September 20th.（9月20日です。）

□ When do you study English?

（あなたはいつ英語を勉強しますか。）

— I study English after dinner.

（私は夕食のあとに英語を勉強します。）

「～のあとに」は after,「～の前に」は before を使う。「放課後に」は after school と表す。

□ When do the students practice baseball here?

（生徒たちはいつここで野球を練習しますか。）

— They practice baseball here on Saturday.

（彼《かれ》らは土曜日にここで野球を練習します。）

特定の日や曜日の前には前置詞の on を使う。

❷ Where ~? の文と答え方

□ Where is the station?（駅はどこにありますか。）

— It is next to the bookstore.

（それは書店の隣《となり》にあります。）

「どこ」と具体的な場所をたずねるときは，where を使う。

□ Where is my bag?（私のかばんはどこですか。）

— It is under the chair.（いすの下です。）

□ Where do you live?（あなたはどこに住んでいますか。）

— I live in Tokyo.（私は東京に住んでいます。）

□ Where does Mika eat lunch?

（ミカはどこで昼食を食べますか。）

— She eats lunch in the cafeteria.

（彼女《かのじょ》はカフェテリアで昼食を食べます。）

場所を表す前置詞：near「～の近くに」，under「～の下に」，in「～の中に」，on「～の上に」，by「～のそばに」など。

❸ Why ～？の文と答え方

□ Why is Mike happy?（マイクはなぜうれしいのですか。）

— Because he can visit his grandmother today.

（なぜなら今日，彼《かれ》は彼のおばあさんを訪ねることができるからです。）

「なぜ」と理由をたずねるときは，why を使う。答えるときは because を使う。

□ Why do you want to study Japanese?

（あなたはなぜ日本語を勉強したいのですか。）

— Because I like Japanese comics.

（私は日本の漫画《まんが》が好きだからです。）

want to ～で「～したい」という意味。

□ Why does he need a computer?

（彼はなぜコンピュータが必要なのですか。）

— Because he sends e-mails.

（彼はメールを送るからです。）

11 Who ~? / Whose ~? / Which ~?

❶ Who ～? の文と答え方

□ Who is that boy?（あの少年はだれですか。）

— He is my classmate.（彼《かれ》は私のクラスメイトです。）

「だれ」とたずねるときは，who を使う。

□ Who's Rika?（リカとはだれですか。）

— She is my cousin.（彼女《かのじょ》は私のいとこです。）

who is の短縮形は who's となる。

□ Who helps you?（だれがあなたを助けますか。）

— Anny does.（アニーです。）

who のあとに動詞が続くとき，who は３人称《にんしょう》単数の主語として扱《あつか》うので，あとの一般《いっぱん》動詞は s，es をつける。答えるときは，〈人＋ does[do].〉と表す。

□ Who goes to school with you?

（だれがあなたと一緒《いっしょ》に学校に行きますか。）

— My sister does.（私の姉[妹]です。）

□ Who can play soccer well?

（だれが上手にサッカーをすることができますか。）

— Minato can.（ミナトです。）

❷ Whose ～? の文と答え方

□ Whose is this?（これはだれのものですか。）

— It is mine.（それは私のものです。）

「だれのもの」と持ち主をたずねるときは，whose を使う。

□ Whose class do you take on Mondays?
(あなたは毎週月曜日にだれの授業を受けますか。)

— I take Mr. Kudo's class.
(私はクドウ先生の授業を受けます。)

Whose ～? の文には，mine などの所有代名詞や〈人名's〉を使って答える。

❸ Which ～? の文と答え方

□ Which is your book? (どちらがあなたの本ですか。)

— The red one is mine. (赤い本が私のものです。)

「どれ」「どちら」とたずねるときは，which を使う。one は前に出てきた名詞の代わりとして使う。

□ Which umbrella is Tom's? (どちらのかさがトムのものですか。)

— The short one is his. (短いかさが彼のものです。)

□ Which bicycle do you want to buy?
(あなたはどの自転車を買いたいですか。)

— I want to buy the blue one.
(私は青い自転車を買いたいです。)

□ Which do you like, dogs or cats?
(あなたはイヌとネコのどちらが好きですか。)

— I like dogs. (私はイヌが好きです。)

2つのもので「どちらが～」とたずねるときは，〈Which ～, A or B?〉と表す。

□ Which does he drink, coffee or tea?
(彼はコーヒーと紅茶のどちらを飲みますか。)

— He drinks tea. (彼は紅茶を飲みます。)

12 現在進行形の文

❶ 現在進行形の肯定文

□I am playing the piano.（私はピアノをひいています。）

「～している」という現在行っている動作は，〈be 動詞＋動詞の ing 形〉で表す。be 動詞は主語によって変わる。

□He is studying English now.

（彼《かれ》は今，英語を勉強しています。）

□It is raining in Osaka now.

（大阪では今，雨が降っています。）

□We are running in the park now.

（私たちは今，公園を走っています。）

□They are swimming in the sea.

（彼らは海で泳いでいます。）

□My mother is making lunch.

（私の母は昼食を作っています。）

□Ayumi is reading a book now.

（アユミは今，本を読んでいます。）

ing 形の作り方	例
そのまま ing をつける	go → going, play → playing, study → studying, wait → waiting
最後の e をとって ing をつける	come → coming, make → making, take → taking, write → writing
最後の子音字を重ねて ing をつける	get → getting, run → running, swim → swimming

❷ 現在進行形の疑問文と答え方

□Are you listening to music?

(あなたは音楽を聞いていますか。)

— Yes, I am. (はい，聞いています。)

— No, I'm not. (いいえ，聞いていません。)

疑問文は，be 動詞を前に出す。

□Is she eating dinner now?

(彼女《かのじょ》は今，夕食を食べていますか。)

— Yes, she is. (はい，食べています。)

— No, she is not. (いいえ，食べていません。)

□What are the children doing now?

(子どもたちは今，何をしているところですか。)

— They are taking a bath now.

(彼らは今，お風《ふ》呂《ろ》に入っています。)

〈What ＋ be 動詞 ＋ 主語 ＋ 動詞の ing 形 ～?〉で「…は何を～しているところですか」とたずねることができる。

❸ 現在進行形の否定文

□I am not walking along the river.

(私は川に沿って歩いていません。)

否定文は，be 動詞のあとに not を置く。

□They are not carrying boxes.

(彼らは箱を運んでいません。)

□My brother isn't using a computer.

(私の兄[弟]はコンピュータを使っていません。)

13 過去の文①(一般動詞)

❶ 一般動詞の過去の肯定文

□They finished their homework before dinner.

(彼《かれ》らは夕食の前に宿題を終えました。)

□She arrived at the airport this morning.

(彼女《かのじょ》は今朝，空港に到着しました。)

□The students studied hard yesterday.

(生徒たちは昨日，一生懸命《いっしょうけんめい》勉強しました。)

□The train stopped at Tokyo Station.

(その電車は東京駅で止まりました。)

□You went to Australia three years ago.

(あなたは３年前にオーストラリアに行きました。)

□Yuki put her key here the day before yesterday.

(ユキはおととい，ここにかぎを置きました。)

一般《いっぱん》動詞の過去形には規則変化と不規則変化がある。put のように原形と過去形が同じ形のものもあるので注意する。

過去形の作り方	例
ed をつける	enjoy → enjoyed
d をつける	use → used，live → lived
y を i に変えて ed をつける	study → studied，cry → cried
最後の文字を重ねて ed をつける	stop → stopped
不規則に変化するもの	take → took，have → had， make → made，read → read

❷ 一般動詞の過去の疑問文と答え方

□ Did you open the window yesterday?

（あなたは昨日，窓を開けましたか。）

— Yes, I did. （はい，開けました。）

— No, I did not. （いいえ，開けませんでした。）

一般動詞の過去の疑問文は文頭に did を置く。動詞は原形になる。

□ Did Mary meet her mother there?

（メアリーはそこで彼女のお母さんに会いましたか。）

— Yes, she did. （はい，会いました。）

— No, she didn't. （いいえ，会いませんでした。）

did not の短縮形は didn't となる。

□ When did my friends come here?

（私の友達はいつここに来ましたか。）

— They came here one hour ago.

（彼らは 1 時間前にここに来ました。）

❸ 一般動詞の過去の否定文

□ I did not visit my uncle during summer vacation.

（私は夏休みの間に私のおじを訪ねませんでした。）

一般動詞の過去の否定文は，動詞の前に did not [didn't] を置く。動詞は原形になる。

□ He didn't write a letter two years ago.

（彼は 2 年前，手紙を書きませんでした。）

□ My mother didn't wash her car last week.

（私の母は先週，彼女の車を洗いませんでした。）

14 過去の文②（be 動詞）

❶ be 動詞の過去の肯定文

□I was tired yesterday.（私は昨日，疲《つか》れました。）

□We were in the library last Sunday.

（私たちは先週の日曜日，図書館にいました。）

□The book was popular then.（その本はその時，人気でした。）

□These pictures were on the wall.

（これらの写真は壁《かべ》にかかっていました。）

□It was cloudy in Fukuoka the day before yesterday.

（福岡はおととい，くもりでした。）

□This town was very beautiful five years ago.

（この町は５年前とても美しかったです。）

主語によって was と were を使い分ける。

主語	現在形	過去形
I	am	was
I と you 以外の単数	is	
you と複数	are	were

❷ be 動詞の過去の疑問文と答え方

□Was he hungry this morning?（彼《かれ》は今朝，空腹でしたか。）

— Yes, he was.（はい，そうでした。）

— No, he wasn't.（いいえ，そうではありませんでした。）

be 動詞の過去の疑問文は，be 動詞を前に出し，be 動詞を使って答える。

□Were you a tennis player?
（あなたはテニスの選手でしたか。）

— Yes, I was.（はい，そうでした。）

— No, I wasn't.（いいえ，そうではありませんでした。）

答えるときも was，were を使う。

□Were the students in the classroom?
（生徒たちは教室にいましたか。）

— Yes, they were.（はい，いました。）

— No, they were not.（いいえ，いませんでした。）

□Where were you yesterday?
（あなたは昨日，どこにいましたか。）

— I was at home.（私は家にいました。）

□Who was the man?（その男性はだれでしたか。）

— He was my teacher.（彼は私の先生でした。）

❸ be 動詞の過去の否定文

□I was not sick two weeks ago.
（私は２週間前，病気ではありませんでした。）

be 動詞の過去の否定文は，be 動詞のあとに not を置く。

□It wasn't warm last March.
（昨年の３月は暖かくありませんでした。）

□We were not free yesterday afternoon.
（私たちは昨日の午後，暇《ひま》ではありませんでした。）

□Those weren't balls.（あれらはボールではありませんでした。）

was not の短縮形は wasn't，were not の短縮形は weren't となる。

+α いろいろな熟語・会話表現

❶ 熟語

□Mike is good at cooking.（マイクは料理が得意です。）

□Please call me Kota.（私をコウタと呼んでください。）

□They are listening to music now.
（彼《かれ》らは今，音楽を聞いています。）

□A lot of people were in the stadium.
（競技場にはたくさんの人がいました。）

□My father can take a picture well.
（私の父は上手に写真を撮《と》ることができます。）

□What's wrong?（どうしましたか。）
— I have a cold.（風邪《かぜ》を引いています。）

❷ 会話表現

□Can you turn on the light?（私に明かりをつけてくれますか。）
— Of course.（もちろん。）

□Your bag is nice.（あなたのかばんはすてきです。）
— Thank you.（ありがとう。）

□I like chocolate.（私はチョコレートが好きです。）
— Me, too.（私もです。）

□Would you like some tea?（紅茶はいかがですか。）
— Yes, please.（お願いします。）

□How about playing soccer after school?
（放課後に，サッカーをするのはどうですか。）
— That's a good idea.（それはいい考えです。）

数学

スマホで一問一答！

1 正の数と負の数①

❶ 正の数と負の数

□0 より大きい数を 正の数 , 0 より小さい数を 負の数 という。

0 は, 正の数 でも 負の数 でもない。

💡整数のうち，特に，正の整数 1，2，3，…を 自然数 という。

❷ 符号のついた数

□200 円の収入を＋200 円と表すとき，200 円の支出は －200 円と表せる。

💡ある基準に関して反対の性質をもつ数量は，正の数・負の数を使って表すことができる。

❸ 数直線

□数直線上の点を読み取りなさい。

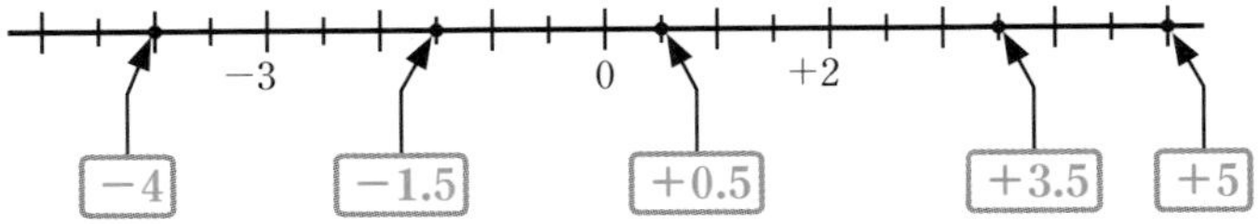

💡数直線上で， 0 の点に対応している点を 原点 ， 0 より右側を 正 の方向， 0 より左側を 負 の方向という。

❹ 数の大小

□＋3 と－2 の大小を表すと，＋3 ＞ －2 となる。

💡大きさを比べるときは， 不等号 を使って表す。

❺ 絶対値

□＋3 の絶対値は 3 ，－3 の絶対値も 3 になる。

💡数直線で， 0 の点(原点)からその数を表す点までの距離《きょり》を 絶対値 という。

❻ 正負の数の加法

□ $(+3)+(+2)=\boxed{+}(3+2)=\boxed{+5}$

$(-5)+(-4)=\boxed{-}(5+4)=\boxed{-9}$

同符《ふ》号《ごう》の２つの数の和は，２数の絶対値の 和 に，２数と 同じ 符号をつける。

□ $(+6)+(-9)=\boxed{-}(9-6)=\boxed{-3}$

異符号の２つの数の和は，２数の絶対値の 大きい ほうから 小さい ほうをひき，絶対値の 大きい ほうの符号をつける。

❼ 正負の数の減法

□ $(+4)-(+1)=(+4)\boxed{+}(-1)=\boxed{+3}$

$(-2)-(+7)=(-2)\boxed{+}(-7)=\boxed{-9}$

正の数をひく計算は， 負 の数をたす計算になおす。

□ $(+6)-(-2)=(+6)\boxed{+}(+2)=\boxed{+8}$

$(-3)-(-4)=(-3)\boxed{+}(+4)=\boxed{+1}$

負の数をひく計算は， 正 の数をたす計算になおす。

❽ いろいろな加法・減法

□ $(+1)-(+4)+(-7)-(-9)$

$=(+1)+(\boxed{-4})+(-7)+(\boxed{+9})$

$=(+1)+(+9)+(-4)+(-7)$

$=(+10)+(\boxed{-11})$

$=\boxed{-1}$

加法と減法が混じった計算は，ひく数の符号をかえて， 加法 だけの式になおして計算する。

加法と減法の混じった計算は，加法だけの式になおしたあと，正の項《こう》，負の項の和をそれぞれ求めて計算する。

2 正の数と負の数②

❶ 正負の数の乗法

□ $-6\times(-3)\times(-2)=\boxed{-}(6\times3\times2)=\boxed{-36}$

負の数が奇数《きすう》個の積は，絶対値の積に 負 の符号《ふごう》をつける。

□ $-4\times7\times(-2)=\boxed{+}(4\times7\times2)=\boxed{56}$

負の数が偶数《ぐうすう》個の積は，絶対値の積に 正 の符号をつける。

□ $0\times5=\boxed{0}$，$(-6)\times0=\boxed{0}$

0 との積は，$\boxed{0}$ になる。

□ $25\times7\times(-4)=25\times(-4)\times7$

$=-\boxed{100}\times7=\boxed{-700}$

乗法のときは，交換《こうかん》 法則，結合 法則が成り立つ。

乗法の 交換 法則　□×○＝○×□

乗法の 結合 法則　(□×○)×△＝□×(○×△)

□ $3^2=3\times3=\boxed{9}$，$(-3)^2=(-3)\times(-3)=\boxed{9}$，$-3^2=-(3\times3)=\boxed{-9}$，

$(-3)^3=(-3)\times(-3)\times(-3)=\boxed{-27}$

同じ数をいくつかかけたものを，その数の 累乗《るいじょう》 という。かけた数の個数を 指数 といい，右肩《みぎかた》に小さく書く。

❷ 正負の数の除法

□ $-72\div(-6)\div(-2)=\boxed{-6}$

$-48\div4\div(-6)=\boxed{2}$

商の符号は積のときと同じく，負の数が奇数個の商は，絶対値の商に 負 の符号をつけ，負の数が偶数個の商は，絶対値の商に 正 の符号をつける。

□$\frac{3}{4}$の逆数は$\boxed{\frac{4}{3}}$であり，$-\frac{2}{3}$の逆数は$\boxed{-\frac{3}{2}}$である。

2つの数の積が1になるとき，一方の数を他方の数の逆数という。

□$\frac{3}{4}\div(-6)=\frac{3}{4}\times\left(\boxed{-\frac{1}{6}}\right)=\boxed{-\frac{1}{8}}$

ある数でわることは，その数の逆数をかけることと同じである。

❸ いろいろな計算

□$5-(-6+3)^2\div3+(-2)^3\times(-1)$

$=5-(\boxed{-3})^2\div3+(-2)^3\times(-1)$

$=5-\boxed{9}\div3+(\boxed{-8})\times(-1)$

$=5-\boxed{3}+\boxed{8}=\boxed{10}$

四則(加法，減法，乗法，除法)の混じった式の計算は，乗法・除法を先に計算する。

累乗やかっこをふくむ式の計算は，もっとも先にする。

□$(-6)\times\left(\frac{1}{2}+\frac{5}{6}\right)$

$=(\boxed{-6})\times\frac{1}{2}+(\boxed{-6})\times\frac{5}{6}=\boxed{-3}-5=\boxed{-8}$

□$(1.02+3.16)\times(-100)$

$=1.02\times(\boxed{-100})+3.16\times(\boxed{-100})$

$=\boxed{-102}+(\boxed{-316})=\boxed{-418}$

分配法則　□×(○＋△)＝□×○＋□×△

(○＋△)×□＝○×□＋△×□

3 文字と式

❶ 文字式の表し方

□$-4a$ や $1000-90x$ のように，文字を使った式を 文字式 という。

□$7\times a=7a$ のように，かけ算の記号×は，はぶいて書く。

□$a\times(-5)=-5a$ のように，文字と数の積では，数を文字の前に書く。

□$x\times x\times x=x^3$ のように，同じ文字の積では，指数を使って書く。

□$a\div 8=\frac{a}{8}$ $\left(\text{または } a\div 8=\frac{1}{8}a\right)$ のように，わり算は，記号÷を使わないで，分数の形で書く。

□$c\times b\times a=abc$ のように，文字の積では，ふつうアルファベット順に書く。

たし算，ひき算の記号＋，－は，はぶいてはいけない。

❷ いろいろな数量と文字式

□$x\%=\frac{x}{100}$，ym の 7 割は $y\times\frac{7}{10}=\frac{7}{10}y$ (m)

数量を文字式で表すときは，文字式の表し方にしたがって書く。
単位がそろっていないときは，単位をそろえて表す。

❸ 式の値

□$x=-3$ のときの，$4x+5$ の式の値は，

$4x+5=4\times(-3)+5=-12+5=-7$

式の中の文字を数で置き換《か》えることを，文字にその数を 代入 するといい， 代入 して計算した結果を 式の値 という。

❹ 1次式

□式 $2x+3$ において，$2x$，3 を 項《こう》 といい，$2x$ において，2 を x の 係数 という。文字が1つだけの項を 1次の項 という。

□1次の項だけ，または1次の項と数の項の和で表される式を 1次式 という。

❺ 1次式の計算

□$(-3x+4)+(5x-7)=-3x+4+\boxed{5x-7}$

$=(-3+\boxed{5})x+4-7=\boxed{2}x-3$

1次式の加法は，文字の項どうし，数の項どうしを集めて，それぞれを計算する。

□$(-3x+4)-(5x-7)=-3x+4+(\boxed{-5}x+\boxed{7})$

$=-3x+4-\boxed{5}x+\boxed{7}=(-3-5)x+4+7=\boxed{-8}x+11$

1次式の減法は，ひく式の符《ふ》号《ごう》をかえて，加法 だけの式になおしてからかっこをはずす。

□$7x\times 9=7\times\boxed{9}\times x=\boxed{63}x$

1次式と数の乗法は，数どうしの計算をする。

□$6x\div 3=6x\times\boxed{\dfrac{1}{3}}=\boxed{2}x$

1次式と数の除法は，除法を乗法になおして計算する。

❻ いろいろな形の1次式の計算

□$\dfrac{x-2}{3}+2(x+1)=\dfrac{x-2}{3}+\dfrac{(\boxed{2x+2})\times\boxed{3}}{3}$

$=\dfrac{x-2+\boxed{6}x+\boxed{6}}{3}=\boxed{\dfrac{7x+4}{3}}$

かっこの前に係数がある1次式の計算は，分配法則を使ってかっこをはずす。分数がある1次式の計算は，通分 して，分子を計算する。

4 1次方程式

❶ 方程式

□x の値によって成り立ったり，成り立たなかったりする等式を，x についての方程式という。

□方程式を成り立たせる文字の値を，その方程式の解といい，解を求めることを，方程式を解くという。

❷ 方程式の解き方

□方程式の一方の辺にある項の符号《ふごう》をかえて，他方の辺に移すことを移項《いこう》という。

□

$$13x+8=7x-10$$

符号をかえて移項する。

$$13x\boxed{-7x}=-10\boxed{-8}$$

両辺を計算する。

$$\boxed{6}x=\boxed{-18}$$

両辺を x の係数でわる。

$$x=\boxed{-3}$$

方程式の解き方の手順

(1) x をふくむ項を左辺に，数の項を右辺に移項する。

(2) 両辺を計算して，$ax=b$(ただし，$a\neq 0$)の形にする。

(3) x の係数 a で両辺をわって，解を求める。$x=\boxed{\dfrac{b}{a}}$

❸ いろいろな方程式

□

$$9x-15=3(2x-7)$$

かっこをはずす。

$$9x-15=\boxed{6}x-21$$

移項する。

$$9x-\boxed{6}x=-21+\boxed{15}$$

両辺を計算する。

$$3x=\boxed{-6}$$

両辺を x の係数でわる。

$$x=\boxed{-2}$$

かっこをふくむ方程式は，かっこをはずしてから方程式を解く。

□ $\dfrac{2x+7}{3}=\dfrac{3}{5}x+3$ ← 両辺に分母の最小公倍数をかける。

$\dfrac{2x+7}{3}\times\boxed{15}=\dfrac{3}{5}x\times\boxed{15}+3\times\boxed{15}$ ← 分母をはらう。

$\boxed{5}(2x+7)=3x\times\boxed{3}+45$ ← かっこをはずす。

$10x+35=9x+45$ ← 移項して計算する。

$x=\boxed{10}$

分数をふくむ方程式は，両辺に分母の最小公倍数をかけて，分母をはらってから方程式を解く。

□ $0.5x-0.8=0.4x+0.2$ ← 両辺に 10 をかける。

$5x-8=\boxed{4}x+\boxed{2}$ ← 移項して計算する。

$x=\boxed{10}$

小数をふくむ方程式は，両辺に 10 や 100…をかけて，係数を 整数 にしてから方程式を解く。

❹ 比例式

□ $6:7=x:28$

$\boxed{7}\times x=6\times\boxed{28}$　$x=\boxed{24}$

比 $a:b$ と $c:d$ が等しいことを表す等式 $a:b=c:d$ を 比例式 という。$a:b=c:d$ のとき，$\boxed{ad=bc}$ が成り立つ。

❺ 1 次方程式の利用

□なしを 2 個と，1 個 110 円のりんごを 3 個買うと，代金の合計は 570 円であった。なし 1 個の値段を求めなさい。

なし 1 個の値段を x 円とすると，

$x\times\boxed{2}+\boxed{110}\times3=570$　$x=\boxed{120}$

なし 1 個の値段が $\boxed{120}$ 円というのは，問題に 適している。

答　$\boxed{120}$ 円

問題文中の数量の間の関係を見つけ，求める数量，または，まだわかっていない数量を x で表し，方程式をつくる。

5 比例と反比例①

❶ 比例

□x の値が1つ決まると，それに対応して y の値がただ1つに決まるとき，y は x の 関数 であるという。

□y が x の関数で，x と y の関係が $y=ax$ で表されるとき，y は x に 比例 するといい，定数 a を 比例定数 という。

□$y=20x$ の場合，比例定数は 20 である。x と y の関係は下の表のようになる。

x	-2	-1	0	1	2	3	4
y	-40	-20	0	20	40	60	80

比例では，x の値を2倍，3倍，4倍，…すると，y の値は 2 倍，3 倍，4 倍，…となる。

□y は x に比例し，$x=3$ のとき $y=5$ である。このとき，比例定数は，$a=\frac{y}{x}=\frac{5}{3}$ である。

❷ 比例の式の決定

□y は x に比例し，$x=-4$ のとき $y=24$ である。

(1) y を x の式で表しなさい。

比例定数を a とすると，$y=ax$ と表すことができる。

$x=-4$ のとき $y=24$ であるから，

$24=a\times(-4)$　$a=-6$

よって，$y=-6x$

(2) $x=5$ のとき，y の値を求めなさい。

$x=5$ を $y=-6x$ に代入する。$y=-6\times5=-30$

③ 反比例

□y が x の関数で，x と y の関係が $y=\dfrac{a}{x}$ で表されるとき，y は x に 反比例 するといい，定数 a を 比例定数 という。

□$y=\dfrac{6}{x}$ の場合，比例定数は 6 である。x と y の関係は下の表のようになる。

x	-6	-3	-2	-1	0	1	2	3	6
y	-1	-2	-3	-6		6	3	2	1

反比例では，x の値を 2 倍，3 倍，4 倍，…すると，y の値は $\dfrac{1}{2}$ 倍，$\dfrac{1}{3}$ 倍，$\dfrac{1}{4}$ 倍，…となる。

□y は x に反比例し，$x=3$ のとき $y=5$ である。このとき，比例定数は，$a=xy=3\times5=15$ である。

④ 反比例の式の決定

□y は x に反比例し，$x=-4$ のとき $y=-3$ である。

(1) y を x の式で表しなさい。

比例定数を a とすると，$y=\dfrac{a}{x}$ と表すことができる。

$x=-4$ のとき $y=-3$ であるから，

$-3=\dfrac{a}{-4}$　$a=12$

よって，$y=\dfrac{12}{x}$

(2) $x=6$ のとき，y の値を求めなさい。

$x=6$ を $y=\dfrac{12}{x}$ に代入する。$y=\dfrac{12}{6}=2$

6 比例と反比例②

❶ 座標

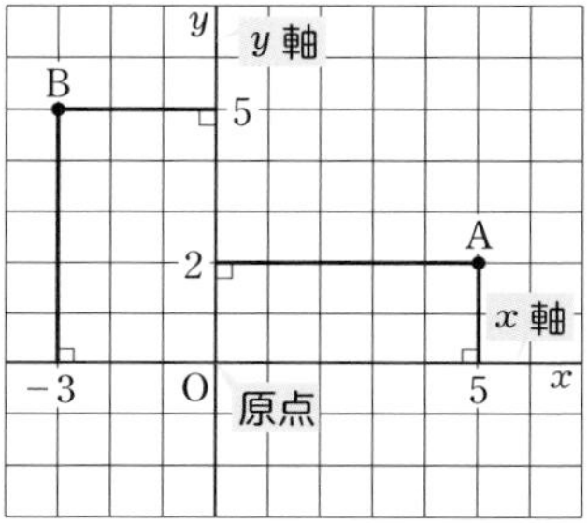

□右の図の点 A，点 B の座標を答えなさい。

点 A(5，2)，点 B(−3，5)

右のような図で，横の数直線を x 軸《じく》，縦の数直線を y 軸，x 軸と y 軸を合わせて座標軸，座標軸の交点 O を原点という。また，点 A（5，2）の 5 を点 A の x 座標，2 を点 A の y 座標という。

❷ 比例のグラフ

□比例 $y=ax$ のグラフは，原点を通る直線である。

□$y=-3x$ のグラフは，原点と点(1，−3)を通る直線になる。

□$y=\frac{5}{2}x$ のグラフは，原点と点(2，5)を通る直線になる。

$y=ax$ のグラフ

$a>0$ のとき
右上がりの直線

$a<0$ のとき
右下がりの直線

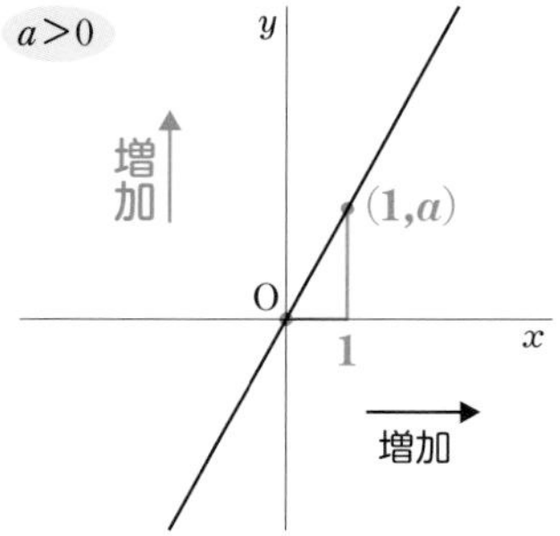

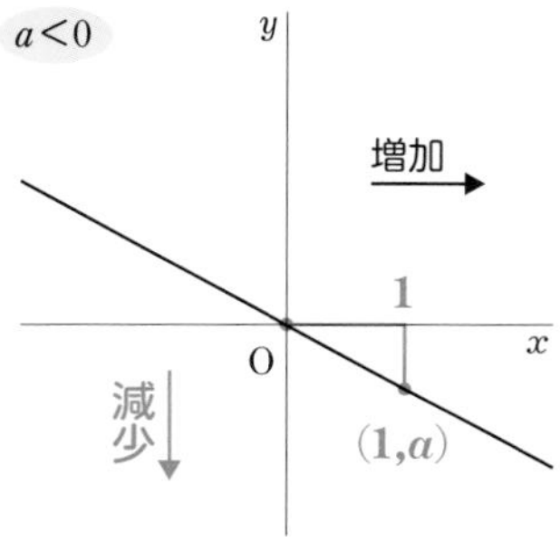

❸ 反比例のグラフ

□反比例のグラフは，なめらかな 2 つの曲線である。この曲線を 双《そう》曲《きょく》線《せん》という。

$y=\frac{a}{x}$のグラフ

$a>0$ のとき

x が増加→ y は 減少

$a<0$ のとき

x が増加→ y は 増加

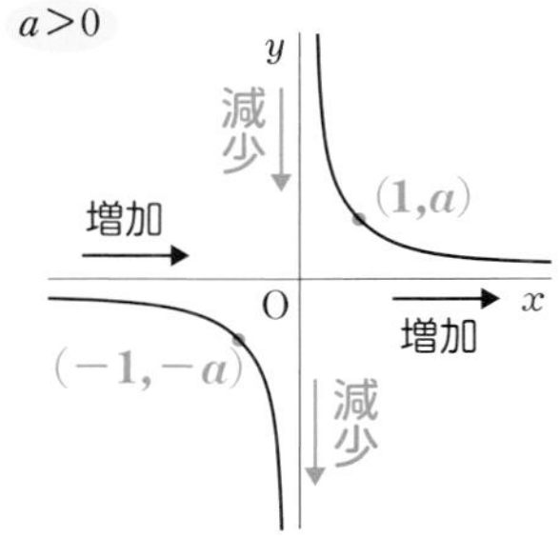

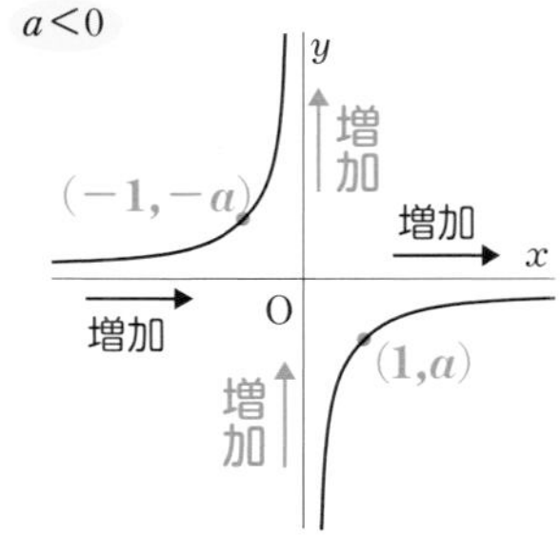

❹ 比例・反比例の利用

□次の x，y について，y を x の式で表しなさい。

(1) 分速 60m で歩く花子さんは，x 分歩くと ym 進む。

道のり＝速さ×時間　よって，$y=60x$

(2) 歯数 40 の歯車 A が毎秒 9 回転する。これに歯数 x の歯車 B がかみ合って毎秒 y 回転する。

$40\times 9=x\times y$　$xy=360$　よって，$y=\frac{360}{x}$

$y=ax$ のとき，y は x に 比例 し，$y=\frac{a}{x}$ のとき，y は x に 反比例 する。比例，反比例についての問題は，グラフをかくとわかりやすくなることがある。

7 平面図形①

❶ 直線，線分，半直線

□両方向に限りなくのびたまっすぐな線を **直線** といい，2 点 A，B を通る直線を **直線 AB** という。

□直線 AB のうち，点 A から点 B までの部分を，**線分 AB** という。

□直線 AB のうち，点 A から点 B の方向に限りなくのびた部分を，**半直線 AB** という。

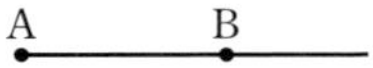

□2 つの線分 AB と CD の長さが等しいことを AB **=** CD と表す。

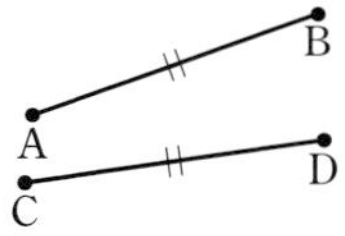

❷ 平面上の 2 直線の関係

□2 直線 AB，CD が垂直に交わるとき，AB **⊥** CD と表す。

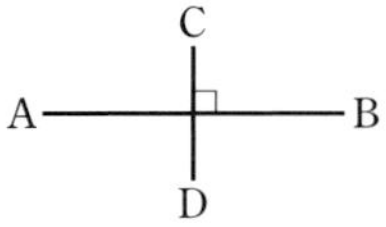

□2 直線 AB，CD が交わらないとき，AB と CD は **平行** であるといい，AB **∥** CD と表す。

❸ 角

□半直線 BA，BC によってできる角を **∠ABC** と表す。

□右の図の角度は，記号を用いると，**∠ABC=40°** と表される。

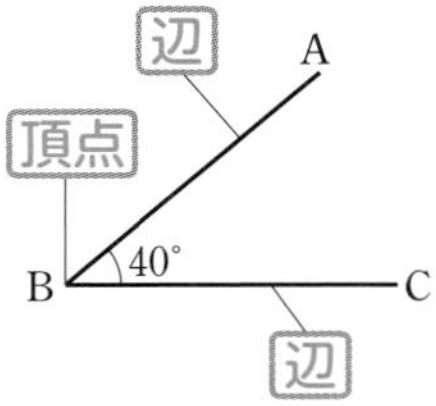

❹ 平行移動

□図形を一定の方向に一定の距離《きょり》だけずらす移動を 平行移動 という。

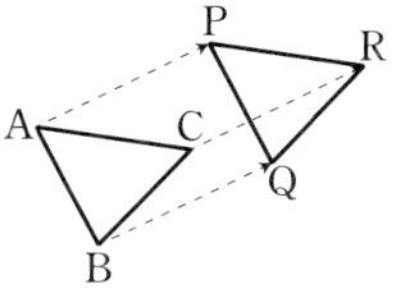

□右の図で，AB∥ PQ ，AB＝ PQ である。

対応する線分は， 平行 で長さが 等しい 。

❺ 回転移動

□図形を，ある点Oを中心にして一定の角度だけ回転させる移動を 回転移動 といい，点Oを 回転の中心 という。

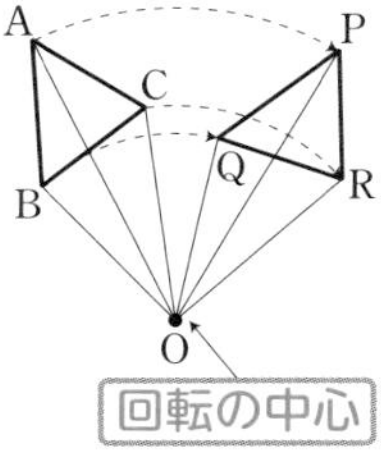

□回転移動では，図形のすべての点が，それぞれ点Oを中心とする円周上を同じ角度だけ移動する。

(1)　対応する点は， 回転の中心 から等しい距離にある。
右上の図で，OA＝ OP ，OB＝ OQ ，OC＝ OR である。

(2)　回転の中心と対応する2点をそれぞれ結んでできる 角 は，すべて等しい。右の図で，∠AOP＝∠BOQ＝ ∠COR である。

180°の回転移動を，特に 点対称《たいしょう》移動 という。このときの回転の中心を 対称の中心 という。

❻ 対称移動

□図形を，ある直線 ℓ を折り目として折り返す移動を 対称移動 といい，この直線 ℓ を 対称の軸《じく》 という。

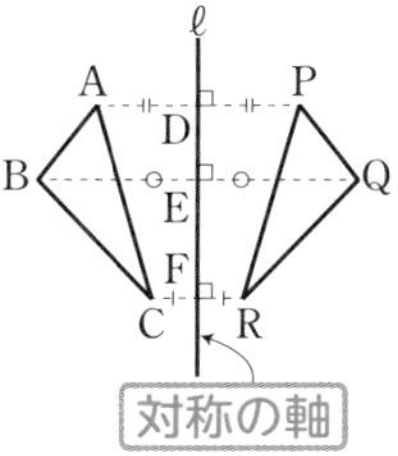

対称の軸は，対応する2点を結ぶ線分を垂直に2等分する。例えば，右の図で AD＝ PD ，AP ⊥ ℓ である。

8 平面図形②

① 線分の垂直二等分線

□線分の中点を通り，線分に垂直な直線を，その線分の垂直二等分線という。

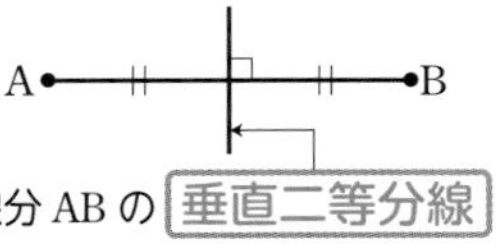

② 角の二等分線

□1 つの角を 2 等分する半直線を，その角の二等分線という。

□角の二等分線上の点から角をつくる 2 辺までの距離《きょり》は等しい。

□右の図で∠AOB＝50°のとき，
∠AOP＝∠BOP＝25°

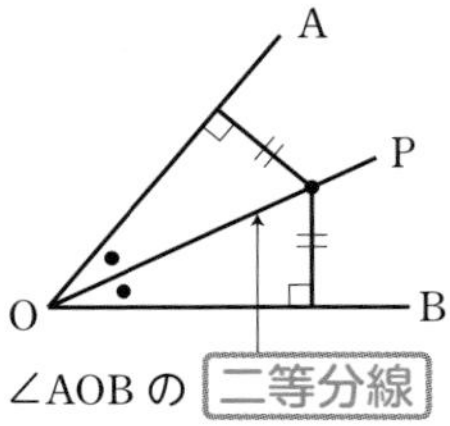

③ 円

□円周上の 2 点 A，B を両端《りょうたん》とする弧《こ》を，弧 AB といい，$\overset{\frown}{AB}$ と表す。

□円周上の 2 点を結ぶ線分を弦《げん》という。
両端が A，B である弦を弦 AB という。

円の弦の垂直二等分線は，円の対称《たいしょう》の軸《じく》となり，円の中心を通る。

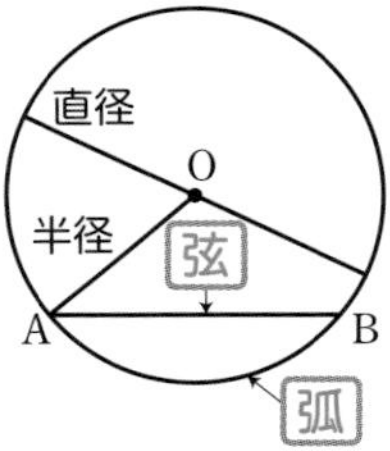

④ 円の接線

□円 O と直線 ℓ が 1 点 P だけを共有するとき，円 O と直線 ℓ は接するといい，この直線 ℓ を円 O の接線，点 P を接点という。

□円の接線は，接点を通る半径に垂直である。

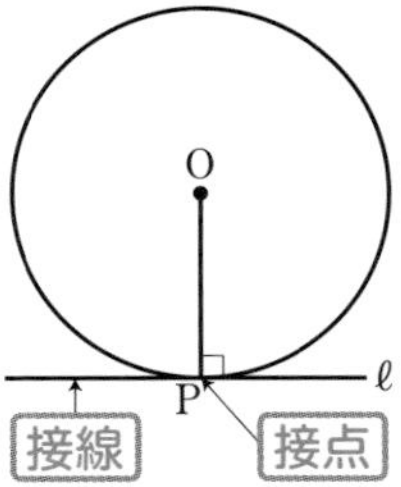

❺ 円とおうぎ形の弧の長さ・面積

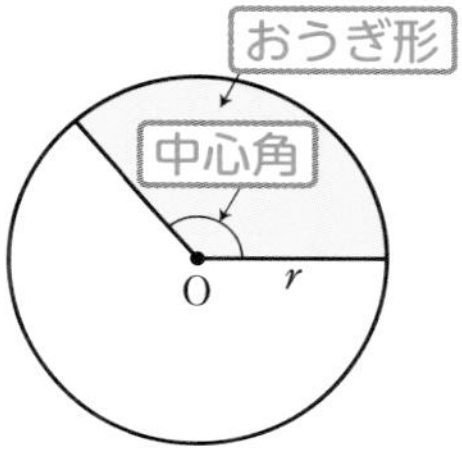

□弧の両端を通る 2 つの半径とその弧で囲まれた図形を おうぎ形 という。

□おうぎ形で，2 つの半径のつくる角を 中心角 という。

□半径 3cm の円の面積は，

$\pi \times \boxed{3}^2 = \boxed{9\pi}$ (cm^2)

半径 3cm の円の周の長さは，

$2 \times \pi \times \boxed{3} = \boxed{6\pi}$ (cm)

💡円周率は文字を用いて $\boxed{\pi}$ と表す。

円の半径を r とすると，

円の面積 S は $S = \boxed{\pi r^2}$，円の周の長さ ℓ は $\ell = \boxed{2\pi r}$ となる。

□半径 6cm，中心角 120° のおうぎ形の弧の長さは，

$2 \times \pi \times \boxed{6} \times \dfrac{\boxed{120}}{360} = \boxed{12\pi} \times \dfrac{\boxed{120}}{360} = \boxed{4\pi}$ (cm)

半径 6cm，中心角 120° のおうぎ形の面積は，

$\pi \times \boxed{6}^2 \times \dfrac{\boxed{120}}{360} = \boxed{36\pi} \times \dfrac{\boxed{120}}{360} = \boxed{12\pi}$ (cm^2)

💡おうぎ形の弧の長さ ℓ と面積 S は，中心角 の大きさに比例する。

💡おうぎ形の半径を r，中心角を $a°$ とすると，

おうぎ形の弧の長さ ℓ は $2\pi r \times \boxed{\dfrac{a}{360}}$，

おうぎ形の面積 S は $\pi r^2 \times \boxed{\dfrac{a}{360}}$ となる。

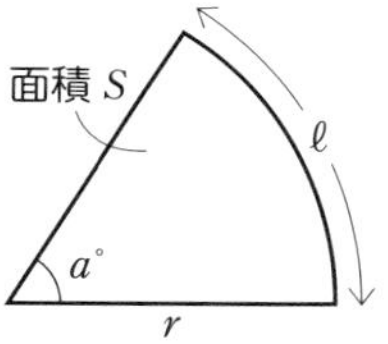

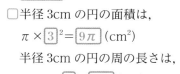

9 空間図形①

❶ 正多面体

□平面だけで囲まれた立体を 多面体 という。

□多面体において，囲んでいる平面を 面 ，面と面の交わりを 辺 ，辺と辺の交わりを 頂点 という。

□すべての面が合同な多角形で，どの頂点にも同じ数の面が集まる，へこみのない多面体を， 正多面体 という。

□正多面体は， 5 種類しかない。

	正四面体	正六面体	正八面体	正十二面体	正二十面体
正多面体	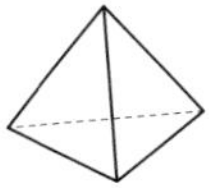	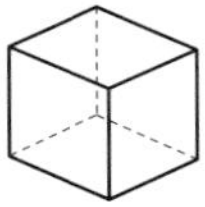	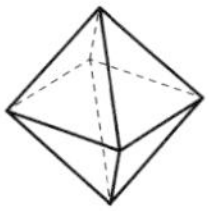	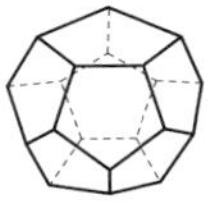	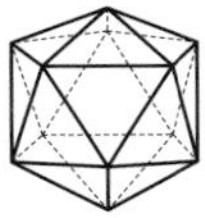
面の形	正三角形	正方形	正三角形	正五角形	正三角形
面の数	**4**	**6**	**8**	**12**	**20**
頂点の数	4	8	6	**20**	**12**
辺の数	**6**	**12**	**12**	**30**	**30**
1 頂点に集まる面の数	3	3	4	3	5

正六面体のことを 立方体 ともいう。

□正八面体の頂点の数は，8× 3 ÷4＝ 6

正二十面体の頂点の数は， 20 × 3 ÷5＝ 12

正多面体の頂点の数は，
(面の数)×(1 つの面の頂点の数)÷(1 頂点に集まる面の数)
で求められる。

□正八面体の辺の数は，$8\times$ 3 $\div 2=$ 12

正二十面体の辺の数は，20 $\times$ 3 $\div 2=$ 30

正多面体の辺の数は，

(面の数)×(1 つの面の辺の数)÷2

で求められる。

❷ 角柱，円柱

□角柱や円柱の底の面を 底面，まわりの面を 側面 という。

□角柱の 2 つの底面は合同な図形で，側面は 長方形 や正方形である。

□円柱の 2 つの底面は合同な 円 で，側面は 曲面 である。

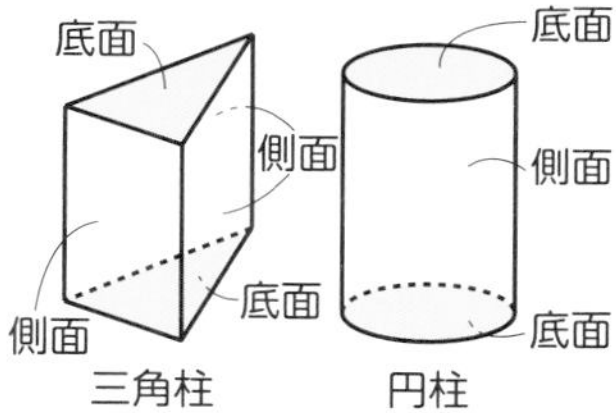

底面が三角形の角柱を 三角柱，底面が四角形の角柱を 四角柱 という。

❸ 角錐，円錐

□角錐《すい》や円錐の底の面を 底面，まわりの面を 側面 という。

□角錐の底面は 1 つで，側面は 三角形 である。

□円錐の底面は 1 つで，底面の形は 円 である。また，側面は 曲面 である。

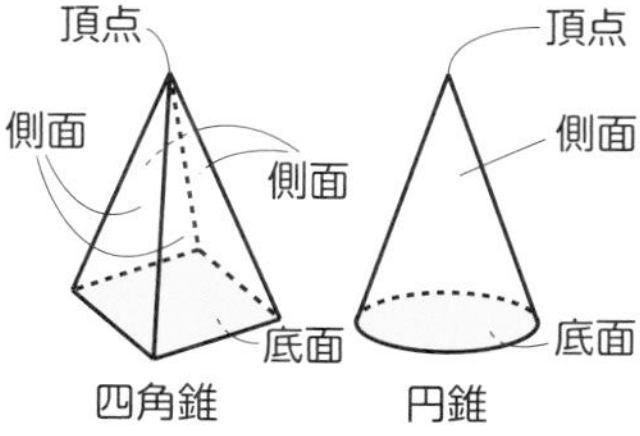

底面が三角形の角錐を 三角錐，底面が四角形の角錐を 四角錐 という。

底面が正方形で，側面が合同な二等辺三角形である角錐を 正四角錐 という。

10 空間図形②

❶ 2直線の位置関係

□空間における2直線の位置関係には，次の場合がある。

(1) 同じ平面上にある→交わるか，平行。

(2) 同じ平面上にない→ねじれの位置にある。

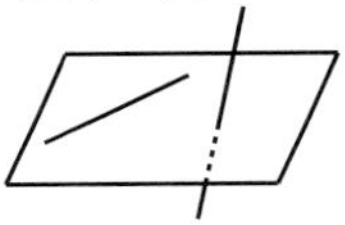

❷ 直線と平面の位置関係

□空間における直線 ℓ と平面Pの位置関係には，次の3つの場合がある。

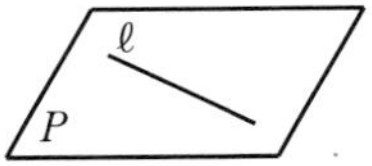	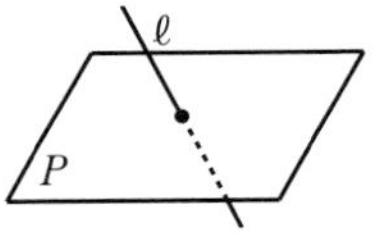	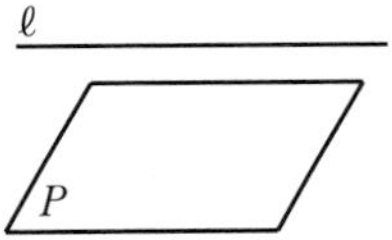
直線が平面にふくまれる。	1点で交わる。	交わらない。(平行)

❸ 2平面の位置関係

□2平面の位置関係には，次の2つの場合がある。

(1) 交わる→2平面が交わるときにできる直線を交線という。

(2) 交わらない→2平面P，Qが交わらないとき，PとQは平行であるといい，P // Qと表す。

□2平面P，Qが交わっていて，平面Qが，平面Pと垂直な直線 ℓ をふくむとき，PとQは垂直であるといい，P ⊥ Qと表す。

□平行な2平面P，Qに，平面Rが交わってできる2本の交線 m，n は平行である。

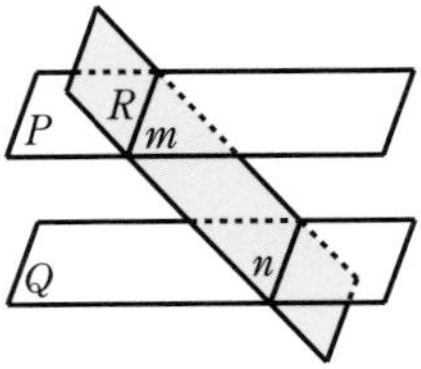

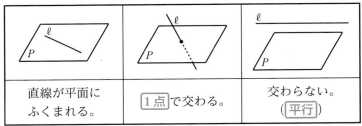

❹ 点と平面の距離

□点 A から平面 P に垂線をひいたとき，垂線と平面 P の交点を H とすると，線分 AH の長さが，点 A と平面 P の距離《きょり》になる。

□角錐《すい》と円錐の高さ
→頂点と底面の距離

□角柱と円柱の高さ
→ 2 つの底面間の距離

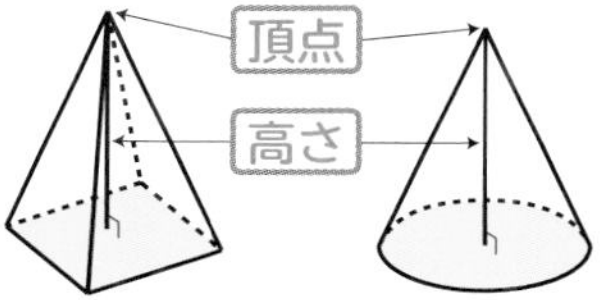

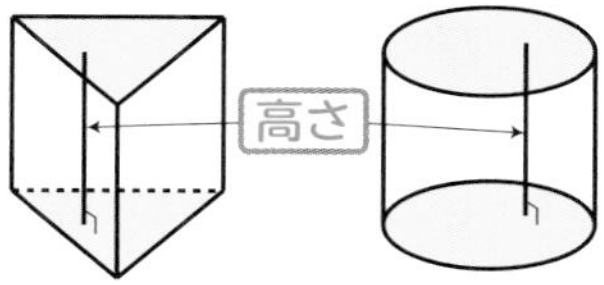

❺ 回転体

□右の図の長方形を，直線 ℓ を軸《じく》として 1 回転させると，円柱ができる。

1 つの平面図形を，直線 ℓ を軸として 1 回転させてできる立体を回転体という。

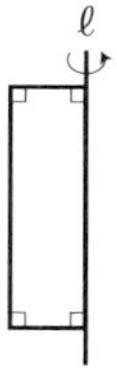

❻ 投影図

□立体を正面から見た図を立面図，真上から見た図を平面図という。

□立面図と平面図をまとめて右の図のように表したものを，投影図《とうえいず》という。

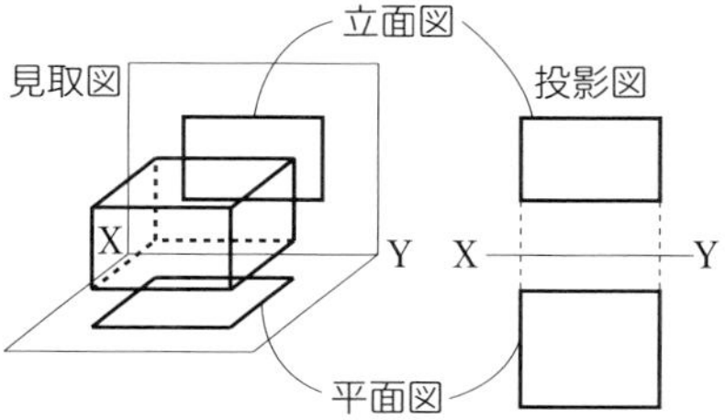

□右の投影図は，円柱を表したものである。

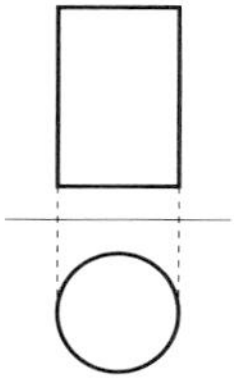

11 空間図形③

❶ 展開図

□右の図は正三角柱の展開図で，2つの底面は正三角形，側面は長方形である。

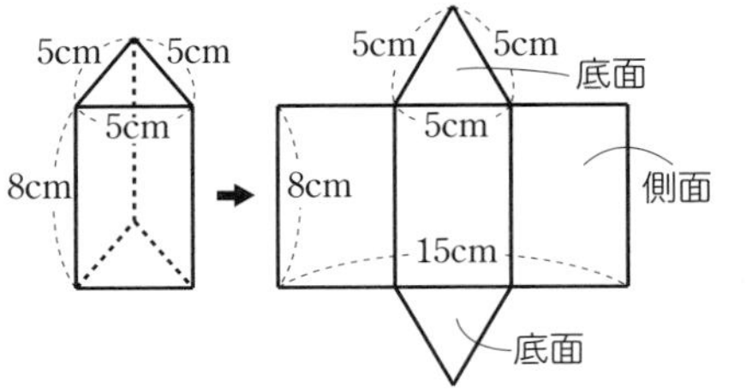

角柱の展開図

→2つの底面は多角形で，側面は長方形である。

□右の図は正四角錐《すい》の展開図で，底面は正方形で，側面は二等辺三角形である。

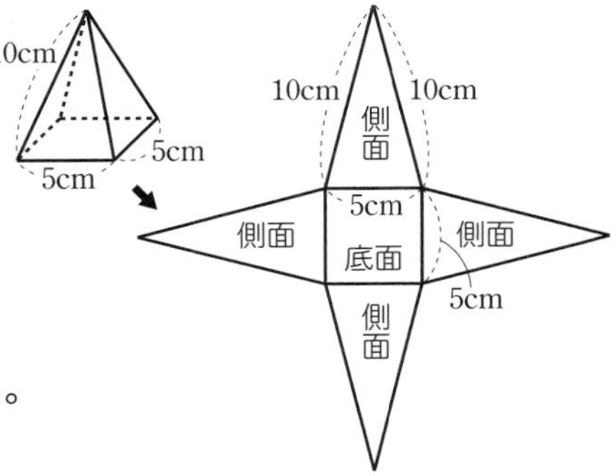

角錐の展開図

→底面は多角形で，

側面は三角形である。

円柱の展開図

→2つの底面は円で，側面は長方形である。

円錐の展開図

→底面は円で，側面はおうぎ形である。

❷ 立体の表面積

□立体のすべての面の面積の和を，表面積という。

□立体のすべての側面の面積の和を側面積，1つの底面の面積を底面積という。

□底面の半径が r，高さが h の円柱の側面積は，

底面の円の周の長さは $2\pi r$ だから，$h\times$ $2\pi r$ である。

角柱・円柱の側面積＝ 高さ ×底面の周の長さ

□底面の半径が r，高さが h の円柱の表面積は，

円柱の底面積は πr^2，円柱の側面積は $h\times$ $2\pi r$

だから，円柱の表面積は πr^2 $\times 2+h\times$ $2\pi r$ である。

角柱・円柱の表面積＝ 底面積 ×2＋側面積

□正四角錐の表面積

＝正方形の面積＋二等辺三角形の面積× 4

└底面の図形　└側面の図形　└側面の数

角錐・円錐の表面積＝底面積＋ 側面積

❸ 立体の体積

□底面の半径が 3cm，高さが 5cm の円柱の体積は，

$\pi\times$ 3 $^2\times 5=$ 45π (cm^3)

角柱・円柱の体積＝ 底面積 ×高さ

□底面の半径が 3cm，高さが 5cm の円錐の体積は，

$\frac{1}{3}$ $\times\pi\times$ 3 $^2\times 5=$ 15π (cm^3)

角錐・円錐の体積＝ $\frac{1}{3}$ × 底面積 ×高さ

❹ 球の表面積と体積

□半径が 2cm の球の表面積は，$4\times\pi\times$ 2 $^2=$ 16π (cm^2)

半径が 2cm の球の体積は，$\frac{4}{3}\times\pi\times$ 2 $^3=$ $\frac{32}{3}\pi$ (cm^3)

球の表面積を S，体積を V，半径を r とすると，

$S=$ $4\pi r^2$，$V=$ $\frac{4}{3}\pi r^3$

12 データの活用

❶ 度数の分布とヒストグラム

□右の表で，40kg 以上 45kg 未満の階級の階級値は，

$$\frac{40+45}{2}=42.5\text{(kg)}$$

階級 体重(kg)	度数 人数(人)
40 以上 45 未満	2
45～50	10
50～55	16
55～60	8
60～65	4
計	40

- いくつかの等しい幅《はば》に分けた区間を階級という。
- 階級のまん中の値を階級値という。
- 各階級に入る資料の個数を度数という。
- 調査しようとする資料を，いくつかの階級に分け，各階級の度数を調べて表にしたものを度数分布表という。

□上の表で，40kg 以上 45kg 未満の相対度数は，度数の合計が 40 人で，体重が 40kg 以上 45kg 未満の階級の度数が 2 人なので，

$2\div40=0.05$

- 各階級の度数の，度数の合計に対する割合を相対度数という。

□上の表で，55kg 以上 60kg 未満の階級の累積《るいせき》度数は 36 人だから，累積相対度数は，$36\div40=0.90$

- 最初の階級からその階級までの度数の和を累積度数という。
- 最初の階級からその階級までの相対度数の和を累積相対度数という。

$$\text{累積相対度数}=\frac{\text{その階級の累積度数}}{\text{度数の合計}}$$

□56 ページの表を柱状グラフで表すと，右のようになる。

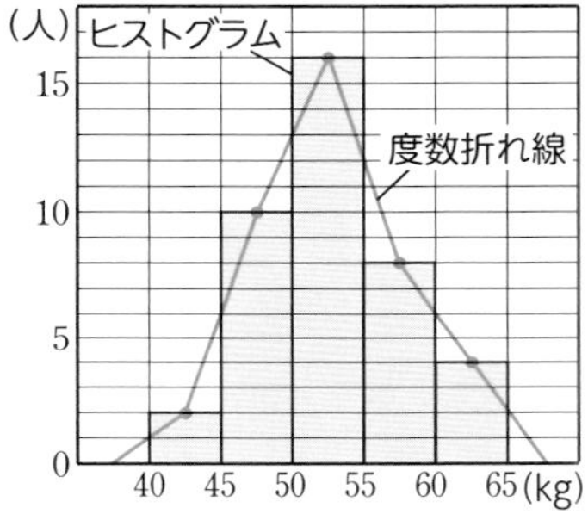

度数分布表を柱状のグラフで表したものを ヒストグラム という。

ヒストグラムの各長方形の上の辺の中点を結んでできる折れ線グラフを 度数折れ線 という。

❷ 代表値

□6 つの卵の重さが 62g，59g，61g，56g，63g，59g であるとき，平均値は 60 g，中央値は 60 g である。

資料の値の合計を資料の個数でわった値を 平均値 という。

資料をその値の大きさの順に並べたとき，中央の順位にくる値を 中央値 という。

(1)　資料の個数が奇数のときは，中央になる値を中央値とする。

(2)　資料の個数が偶数のときは，中央になる 2 つの値の平均値を中央値とする。

□1 週間の気温が 20℃，22℃，25℃，22℃，21℃，20℃，22℃であったとき，最頻値《さいひんち》は 22 ℃である。

資料の値のうち最も多く現れる値を 最頻値 という。

(1)　度数分布表では，度数が最大である階級の 階級値 を最頻値とする。

(2)　ヒストグラムでは，一番高い柱の 階級値 を最頻値とする。

(3)　度数折れ線では，一番高い点に対する横軸《じく》の値を最頻値とする。

+α 作図の手順

❶ 線分の垂直二等分線の作図

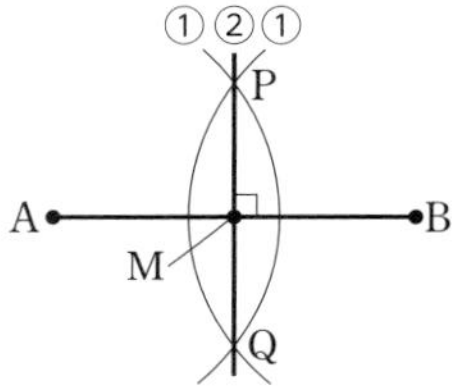

①2 点 A,B を中心として等しい半径の円をかき，その交点を P，Q とする。

②直線 PQ をひく。

右の図で，直線 PQ が，線分 AB の垂直二等分線である。また，点 M は，線分 AB の中点となっている。

❷ 角の二等分線の作図

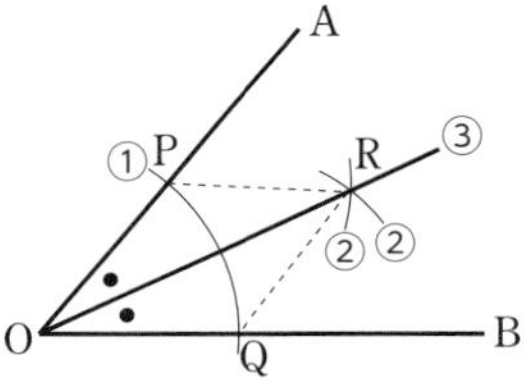

①点 O を中心とする円をかき，角をつくる 2 辺との交点を P，Q とする。

②2 点 P，Q を中心として等しい半径の円をかき，その交点を R とする。

③半直線 OR をひく。

右の図で，半直線 OR が，∠AOB の二等分線であり，∠AOR＝∠BOR である。

❸ 垂線の作図

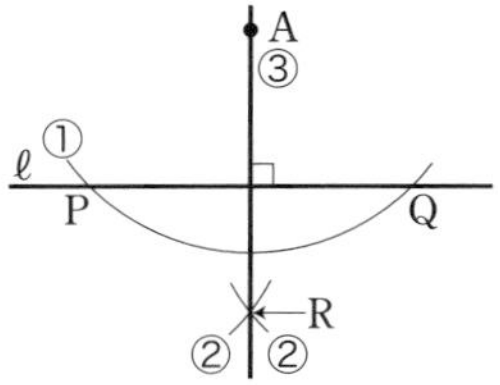

①点 A を中心とする円をかき，直線 ℓ との交点を P，Q とする。

②2 点 P，Q を中心として等しい半径の円をかき，その交点を R とする。

③直線 AR をひく。

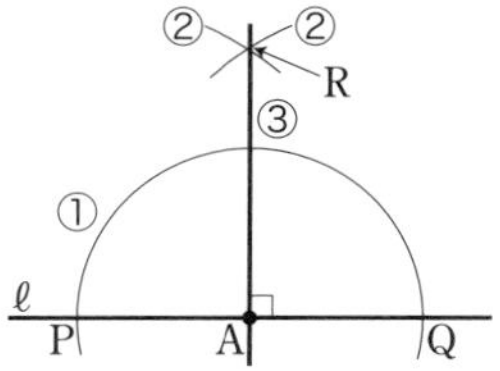

右の図のような直線 ℓ 上の点 A を通る垂線は，∠PAQ＝180° と考えて，角の二等分線と同じように作図する。

理科

スマホで一問一答！

1 生物の観察

❶ ルーペの使い方

□ルーペは目に近づけてもつ。

□ 動かせるものの観察

観察するものを動かしてピントを合わせる。

□動かせないものの観察

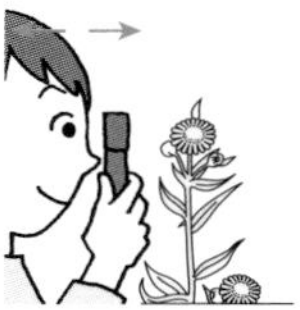

自分が動いてピントを合わせる。

❷ 双眼実体顕微鏡

□観察物を 20 ～ 40 倍で立体的に観察することができる。

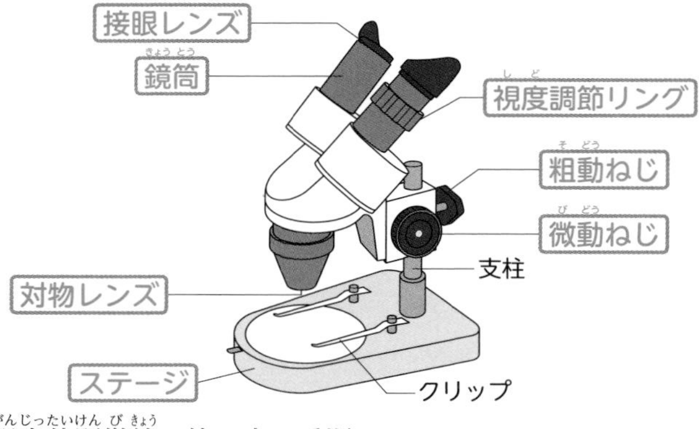

□双眼実体顕微鏡《そうがんじったいけんびきょう》の使い方の手順

① 接眼レンズをのぞき，鏡筒の間隔《かんかく》を調節する。

② 粗動ねじをゆるめ，およそのピントを合わせる。

③ 右目でのぞき，微動ねじでピントを合わせる。

④ 左目でのぞき，視度調節リングを回してピントを合わせる。

顕微鏡は，直射日光の当たらない水平なところに置く。

③ スケッチのしかた

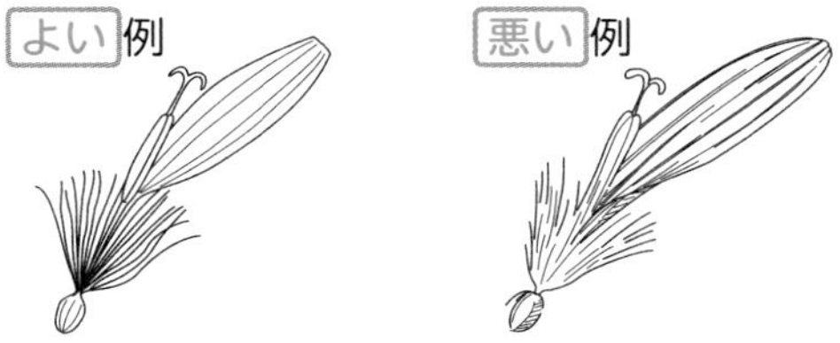

- □観察した日時や場所をかく。
- □目的とするものだけをかく。
- □よくとがらせた鉛筆《えんぴつ》で，影《かげ》をつけないで細い線でかく。

💡スケッチをすると，細かい部分まで観察することができる。

④ 身のまわりの生物の観察

- □分類…生物がもつ似た特徴《とくちょう》に注目してなかま分けし，整理すること。
- □水中にすむ小さな生物のなかま分け

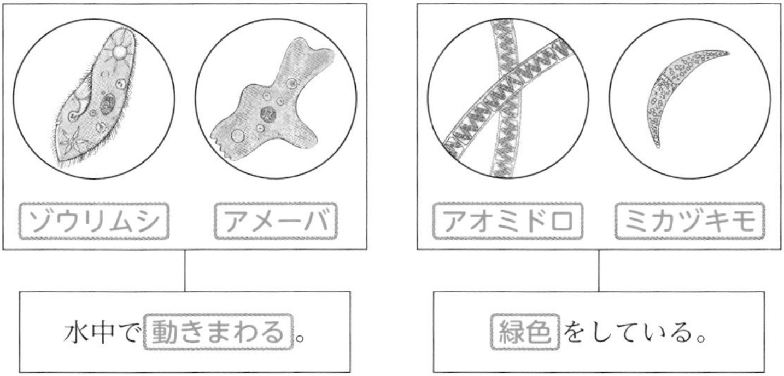

💡生物のなかま分けでは，目的に応じて適切な観点と基準を選ばなくてはならない。

💡ミドリムシは緑色のなかまであり，動くなかまでもある。

2 花のつくり①

❶ 花のつくり

□ がく …花のもっとも外側にある根もとについている部分。

□ 花弁《かべん》 …めしべ，おしべを囲むようについている部分。

□ めしべ …花の中央にある部分。種子《しゅし》をつくる役割をする。

□ 柱頭《ちゅうとう》 …めしべの先端《せんたん》部分。

□ 子房《しぼう》 …めしべの根もとのふくらんだ部分。

□ 胚珠《はいしゅ》 …子房の中にある部分。

□ おしべ …めしべを囲むようについている部分。種子をつくる役割をする。

□ やく …おしべの先端にある袋《ふくろ》状のもの。

□ 花粉 …やくに入っているもの。

アブラナ

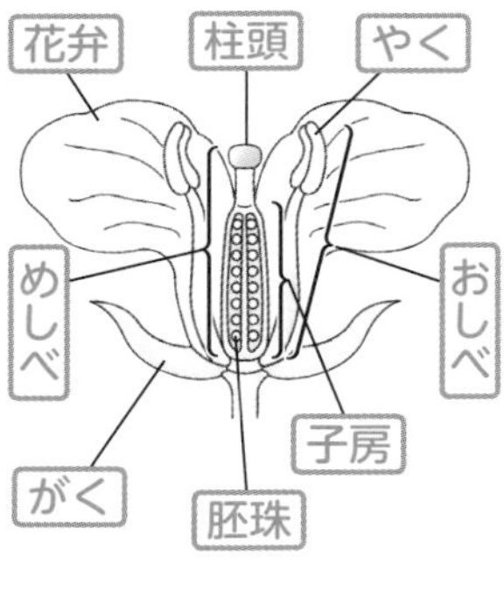

サクラ

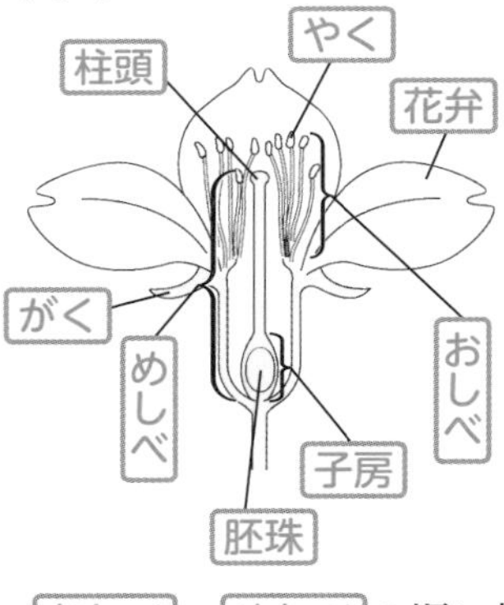

□花は，外側から， がく → 花弁 → おしべ → めしべ の順に構成されている。

ヘチマのように，おしべだけがある雄花《おばな》と，めしべだけがある雌花《めばな》があるものもある。

❷ 花のつくりによる分類

□ **離弁花《りべんか》**…花弁が１枚１枚離《はな》れているもの。

例：アブラナ，サクラ，エンドウなど。

□ **合弁花《ごうべんか》**…花弁がたがいにくっついているもの。

例：アサガオ，タンポポ，ツツジなど。

❸ 花のはたらき

□ **受粉《じゅふん》**…花粉がめしべの柱頭につくこと。

□受粉後の変化

胚珠→**種子**

子房→**果実**

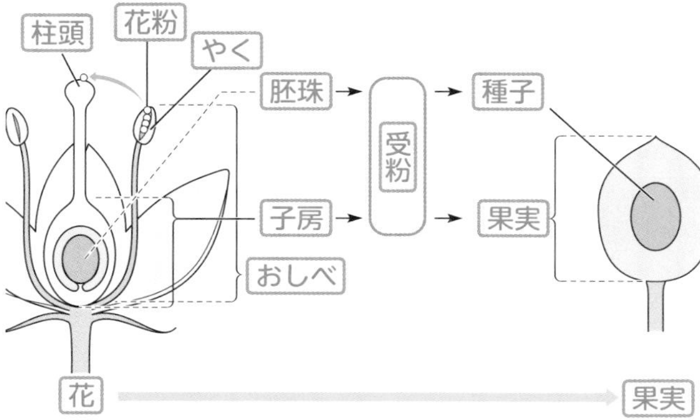

□ **種子植物**…種子によってなかまをふやす植物。

花は，種子をつくることで，子孫を残すはたらきをする。

花粉は，風や動物によって運ばれる。風によって花粉が運ばれる風媒花《ふうばいか》は，花粉が小さくて軽いことが多い。虫によって花粉が運ばれる虫媒花《ちゅうばいか》の花は，目立つ色や形のものが多い。

3 花のつくり②，葉・根のつくり

❶ 被子植物と裸子植物

□ 被子植物《ひししょくぶつ》 …種子《しゅし》植物のうち，胚珠《はいしゅ》が子房《しぼう》の中にあるもの。

例：サクラ，エンドウ，アブラナ，ツツジなど。

□ 裸子植物《らししょくぶつ》 …種子植物のうち，胚珠がむき出しになっているもの。

例：マツ，イチョウ，ソテツなど。

裸子植物の花は，雄花《おばな》と雌花《めばな》に分かれている。

❷ マツの花のつくり

□マツの花には雄花と雌花があり， 花弁《かべん》 や がく はない。

□ 胚珠 …雌花のりん片にあり，受粉すると種子ができる。

□ 花粉のう …雄花のりん片にあり，中に花粉が入っている。

□ 花粉 …空気袋《くうきぶくろ》があり，風によって遠くまで運ばれやすい。

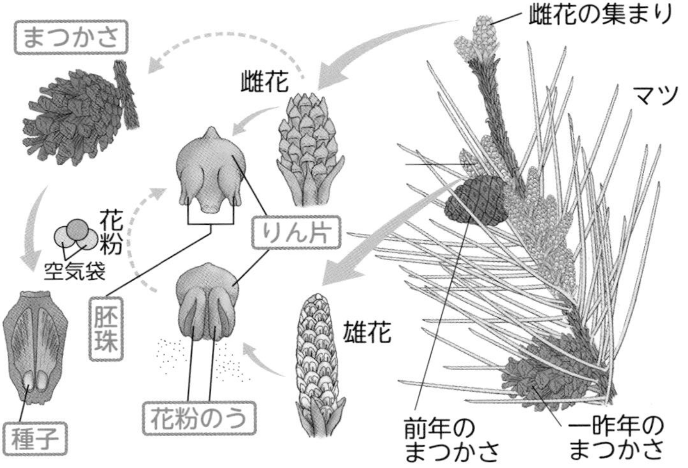

マツでは，雄花の花粉が雌花の胚珠についてから種子ができるまで，１年以上かかる。

③ 葉・根のつくり

□ **葉脈《ようみゃく》**…葉の表面に見られるすじのようなもの。

□ **根毛《こんもう》**…根の先端《せんたん》近くにある小さな毛のようなもの。

根毛は，根の表面積を大きくし，水や養分を効率よく吸収することに役立っている。

□ **単子葉類《たんしようるい》**…子葉が１枚のなかま。

例：イネ，ススキ，トウモロコシなど。

・根は，細い根が多数広がる**ひげ根《ね》**。

・葉の葉脈は，平行に並ぶ**平行脈《へいこうみゃく》**。

□ **双子葉類《そうしようるい》**…子葉が２枚のなかま。

例：アブラナ，タンポポ，ホウセンカなど。

・根は太い根である**主根《しゅこん》**と，そこから枝分かれした細い根である**側根《そっこん》**からなる。

・葉の葉脈は，網《あみ》の目のように広がる**網状脈《もうじょうみゃく》**。

	根のつくり	葉のつくり
双子葉類	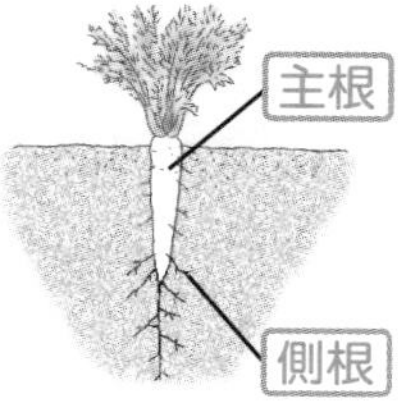	
単子葉類		

4 植物の分類

❶ 種子をつくらない植物

□種子《しゅし》をつくらない植物には，シダ植物やコケ植物があり，胞子《ほうし》をつくってふえる。

□シダ植物

・根・茎《くき》・葉の区別がある。

・イヌワラビなどは，葉の裏側にある胞子のうの中に胞子ができる。

シダ植物
(イヌワラビ)

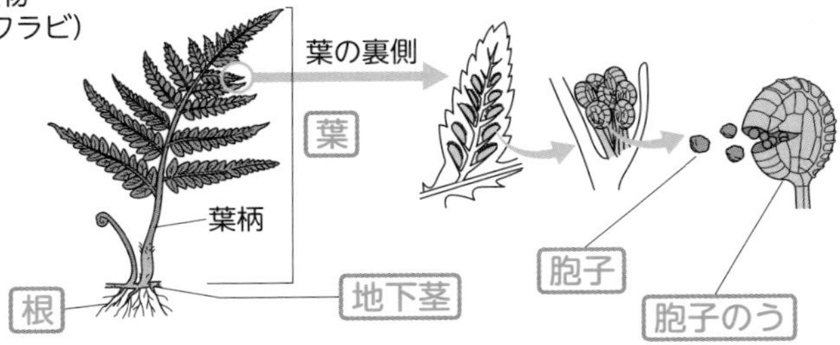

シダ植物の茎は，地中にあるものが多い。

□コケ植物

・根・茎・葉の区別がない。

・体を地面に固定するための仮根《かこん》がある。

・雄株《おかぶ》と雌株《めかぶ》がある。

・雌株の胞子のうの中に胞子ができる。

コケ植物(ゼニゴケ)

❷ 植物の分類

植物

種子をつくる。
種子植物

種子をつくらない。
シダ植物・コケ植物

- 根・茎・葉の区別がある。
  シダ植物
- 根・茎・葉の区別がない。
  コケ植物

種子植物

子房《しぼう》の中に胚珠《はいしゅ》がある。
被子《ひし》植物

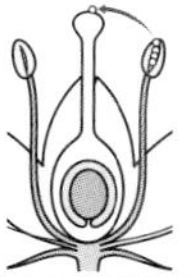

子房がなく胚珠がむき出し。
裸子《らし》植物

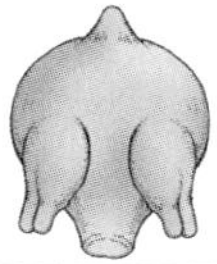

被子植物

子葉が2枚

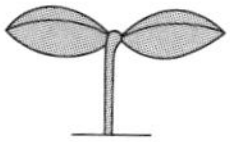

網状脈《もうじょうみゃく》

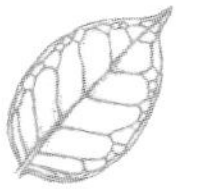

主根《しゅこん》と側根《そっこん》

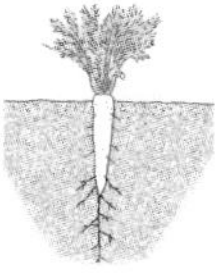

双子葉類《そうしようるい》

子葉が1枚

平行脈《へいこうみゃく》

ひげ根《ね》

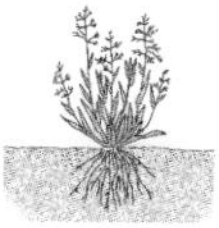

単子葉類《たんしようるい》

双子葉類

花弁《かべん》がたがいにくっついている。
合弁花類《ごうべんかるい》

花弁が1枚1枚離れている。
離弁花類《りべんかるい》

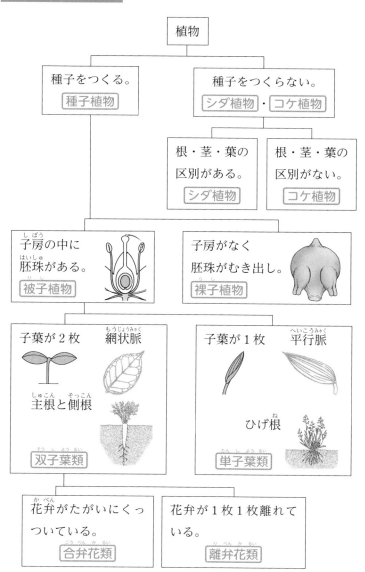

5 動物の分類

❶ 背骨のある動物

□脊椎動物《せきついどうぶつ》…背骨をもつ動物。

□呼吸《こきゅう》のしかた…水中で生活する動物はえら，陸上で生活する動物は肺《はい》で呼吸をする。

□なかまのふやし方…卵《らん》を産んでなかまをふやすふやし方を卵生《らんせい》，メスが体内である程度育ててから子を産んでなかまをふやすふやし方を胎生《たいせい》という。

水中に産みだされる卵にはかたい殻《から》はないが，陸上に産みだされる卵には，乾燥《かんそう》にたえられるように殻がある。

	呼吸のしかた	なかまのふやし方	体表のようす	動物の例
魚類《ぎょるい》	えら	卵生（殻なし）	うろこ	コイ タイ
両生類《りょうせいるい》	幼生はえらと皮膚《ひふ》 成体は肺と皮膚	卵生（殻なし）	湿《しめ》った皮膚	カエル イモリ
は虫類《ちゅうるい》	肺	卵生（殻あり）	うろこ	カメ ヤモリ
鳥類《ちょうるい》	肺	卵生（殻あり）	羽毛	ワシ スズメ
哺乳類《ほにゅうるい》	肺	胎生	毛	ヒト ネコ

❷ 哺乳類の体のつくりと食物

□ **草食動物**《そうしょくどうぶつ》…植物を食べる動物。

・目：横向きにつく。

・歯：門歯《もんし》と臼歯《きゅうし》が発達。

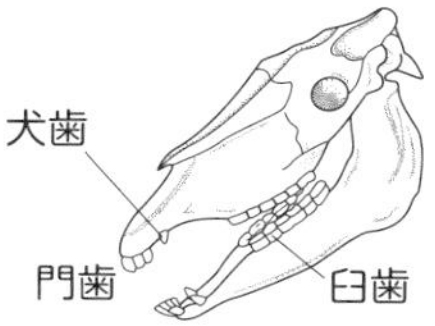

□ **肉食動物**《にくしょくどうぶつ》…ほかの動物を食べる動物。

・目：前方を向いている。

・歯：とがった犬歯《けんし》と臼歯が発達。

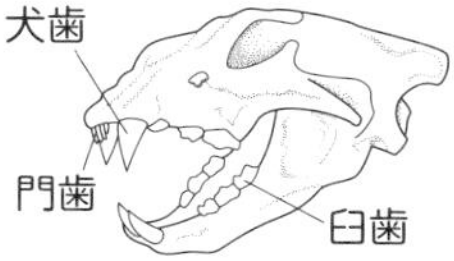

草食動物の目は，横を向いていることで広い範囲《はんい》を見わたせる。肉食動物の目は，前を向いていることで立体的に見える範囲が広い。

❸ 背骨のない動物

□ **無脊椎動物**《むせきついどうぶつ》…背骨をもたない動物。

□ **節足動物**《せっそくどうぶつ》…体の外側をおおう**外骨格**《がいこっかく》をもち，体やあしが多くの節《ふし》に分かれている動物。

・**昆虫類**《こんちゅうるい》：気門《きもん》から空気をとり入れて呼吸する。
バッタ，チョウ，ハチなど。

・**甲殻類**《こうかくるい》：多くは水中で生活し，えらで呼吸する。
エビ，カニなど。

・その他：クモ，ムカデなど。

外骨格は大きくならないので，脱皮《だっぴ》をして成長する。

□ **軟体動物**《なんたいどうぶつ》…内臓《ないぞう》が**外とう膜**《まく》でおおわれている動物。多くは水中で生活し，えらで呼吸をする。タコ，イカ，アサリなど。
陸上で生活をするマイマイは，肺で呼吸する。

□ その他の無脊椎動物…クラゲ，イソギンチャク，ヒトデ，ウニ，ミミズなど。

6 物質の性質と密度

❶ 身のまわりの物質

□ものを形や大きさで区別するときは物体《ぶったい》といい，物体をつくっている材料で区別するときは物質《ぶっしつ》という。

❷ 有機物と無機物

□有機物《ゆうきぶつ》…炭素をふくむ物質。燃やすと二酸化炭素と水が発生する。

例：紙，プラスチック，ろう，エタノール，砂糖など。

□無機物《むきぶつ》…有機物以外の物質。

例：食塩，ガラス，鉄，アルミニウム，水，酸素など。

二酸化炭素や一酸化炭素などは，炭素をふくんではいるが，無機物に分類する。

❸ 金属と非金属

□金属《きんぞく》…金，銀，銅，鉄，アルミニウム，マグネシウムなどの，特有の性質をもつ物質。無機物である。

□非金属《ひきんぞく》…金属以外の物質。無機物と有機物がある。

□金属の性質

- 電気をよく通す。→電気伝導性
- 熱をよく伝える。→熱伝導性
- みがくと特有の光沢《こうたく》が見られる。→金属光沢
- たたくと広がる。→展性《てんせい》
- 引っぱるとのびる。→延性《えんせい》

磁石につくという性質は，鉄やニッケルなどの一部の金属に限られた性質で，金属に共通の性質ではない。

❹ 密度

□質量…電子てんびんや上皿てんびんではかる，物質そのものの量。

□密《みつ》度《ど》…1cm^3 あたりの物質の質量。単位はグラム毎立方センチメートル〔g/cm^3〕。

□物質の密度を求める式

$$\text{物質の密度}〔g/cm^3〕=\frac{\text{物質の質量}〔g〕}{\text{物質の体積}〔cm^3〕}$$

□いろいろな物質の密度

物質名	密度〔g/cm^3〕
氷(0℃)	0.917
水(4℃)	1.00
水蒸気(100℃)	0.00060

物質名	密度〔g/cm^3〕
エタノール	0.79
アルミニウム	2.70
鉄	7.87

密度は物質の種類によって決まっているので，密度を比べることで物質を区別することができる。

□密度とものの浮《う》き沈《しず》み

物体を液体に入れたときの浮き沈みは，物体の密度が液体より大きいか，小さいかで決まる。

・液体より密度が大きい物体→沈む

・液体より密度が小さい物体→浮く

水の密度＞氷の密度

➡氷は水に浮く。

水の密度＜鉄の密度

➡鉄は水に沈む。

7 気体の性質

❶ 空気中にふくまれる気体

□空気にふくまれる気体の体積の割合

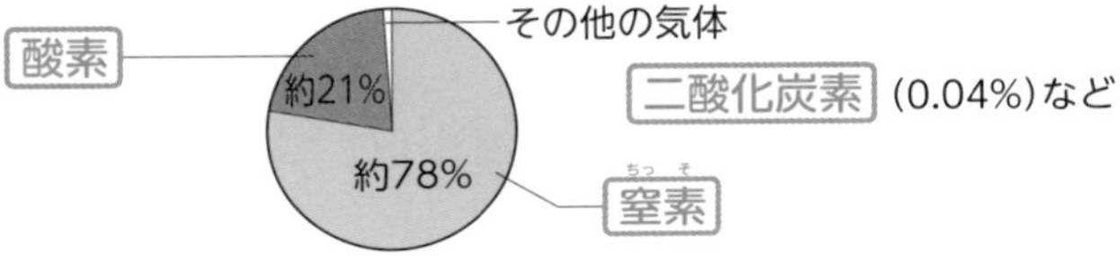

❷ 気体の集め方

□水上置換法《すいじょうちかんほう》…水にとけにくい気体を集める。

□上方置換法《じょうほうちかんほう》…水にとけやすく，空気よりも密度《みつど》が小さい(空気よりも軽い)気体を集める。

□下方置換法《かほうちかんほう》…水にとけやすく，空気よりも密度が大きい(空気よりも重い)気体を集める。

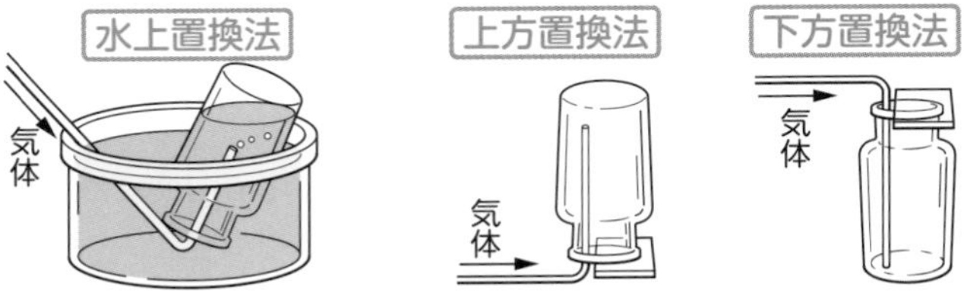

❸ 気体を発生させる方法

□酸素…二酸化マンガンにオキシドール(うすい過酸化水素水)を加える。

□二酸化炭素…石灰石《せっかいせき》にうすい塩酸を加える。

□水素…亜鉛《あえん》や鉄などにうすい塩酸を加える。

□アンモニア…アンモニア水を加熱する。

塩化アンモニウムと水酸化カルシウムの混合物を加熱する。

④ いろいろな気体の性質

気体	におい	重さ(空気との比較《ひかく》)	水にとけるかどうか	特徴《とくちょう》
酸素	無	少し重い。	ほとんどとけない。	ものを燃やすはたらきがある。
二酸化炭素	無	重い。	少しとける。	水溶液は酸性である。石灰水を白くにごらせる。
水素	無	非常に軽い。	ほとんどとけない。	燃えると水ができる。
アンモニア	刺激臭《しげきしゅう》	軽い。	非常によくとける。	水溶液はアルカリ性である。

□気体の集め方

・アンモニア→上方置換法　・二酸化炭素→下方置換法

・酸素，水素，二酸化炭素→水上置換法

二酸化炭素は水にとける量が少ないので，水上置換法を使って集めることもできる。

⑤ その他の気体

気体	におい	重さ(空気との比較)	水にとけるかどうか	特徴
窒素	無	少し軽い。	とけにくい。	空気中にもっとも多くふくまれる。
塩素	刺激臭	重い。	とけやすい。	黄緑色で有毒。殺菌《さっきん》作用や，漂白《ひょうはく》作用がある。

窒素は水上置換法，塩素は下方置換法で集めることができる。

8 水溶液の性質

❶ 溶質・溶媒・溶液

□水にとけている物質を溶質《ようしつ》といい，水のように溶質をとかしている液体を溶媒《ようばい》という。また，溶質が溶媒にとけている液を溶液という。特に，溶媒が水の溶液のことを，水溶液という。

❷ 物質の溶媒へのとけ方

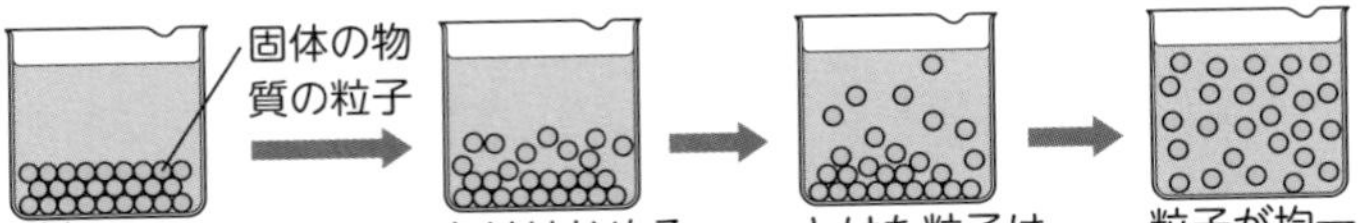

粒子《りゅうし》が集まっている（目に見える）。　とけはじめる。　とけた粒子は，目には見えない。　粒子が均一に広がる。

□溶媒に溶質がとけたとき，溶液は透明《とうめい》になり，濃《こ》さは均一になる。時間がたっても濃さは変わらない。

溶液には，色がついたものとついていないものがあるが，どちらの場合も透明である。

❸ 溶液の濃さの表し方

□溶液の質量…溶質と溶媒の質量の和となる。

溶液の質量〔g〕＝溶質の質量〔g〕＋溶媒の質量〔g〕

□質量《しつりょう》パーセント濃度《のうど》…溶液全体の質量に対する溶質の質量の割合。

□質量パーセント濃度を求める式

$$\text{質量パーセント濃度〔\%〕}=\frac{\text{溶質の質量〔g〕}}{\text{溶液の質量〔g〕}}\times 100$$

$$=\frac{\text{溶質の質量〔g〕}}{\text{溶質の質量〔g〕}+\text{溶媒の質量〔g〕}}\times 100$$

❹ 水にとける物質の限度の量

□ 飽《ほう》和《わ》…溶媒に溶質をとかしていったとき，溶質がそれ以上とけきれなくなった状態。

□ 飽《ほう》和《わ》水《すい》溶《よう》液《えき》…飽和するまで物質をとかした水溶液のこと。

□ 溶《よう》解《かい》度《ど》…100 g の水に物質をとかして飽和水溶液にしたときにとけた物質の質量。物質によって決まっている。

□ 溶《よう》解《かい》度《ど》曲《きょく》線《せん》…溶解度と温度の関係を表したグラフのこと。溶解度は温度によって変化する。

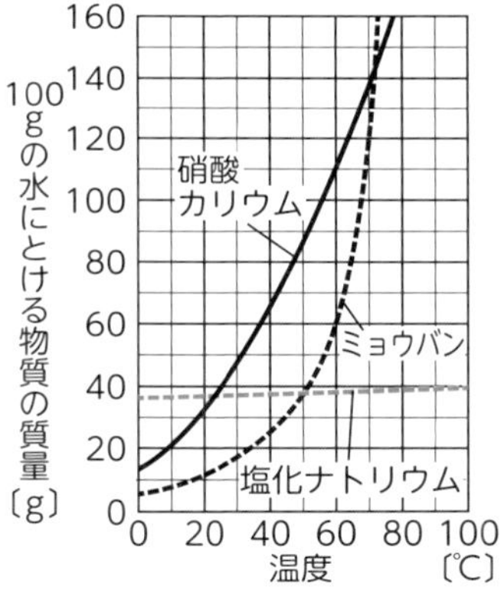

❺ とけている物質のとり出し方

□ 結《けっ》晶《しょう》…いくつかの平面で囲まれている規則正しい形をした固体。

□ 再《さい》結《けっ》晶《しょう》…固体の物質を一度水にとかし，再び結晶としてとり出すこと。

・温度による溶解度の差が大きい物質：水溶液を冷やす。硝酸《しょうさん》カリウム，ミョウバンなど。

・温度による溶解度の差が小さい物質：加熱して水を蒸発させる。塩化ナトリウムなど。

□ ろ過…ろ紙を使って固体と液体を分けること。

ろ紙の穴よりも小さい粒子だけ，ろ紙を通りぬけるため，固体と液体を分けることができる。

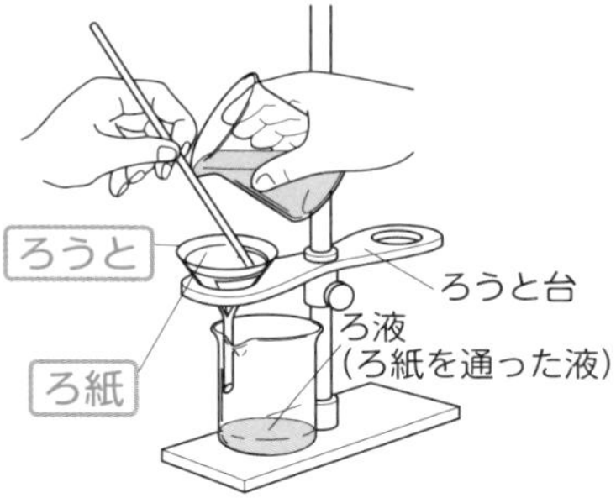

9 物質の状態変化

❶ 物質のすがたの変化

□物質は，温度によって 固体 ・ 液体 ・ 気体 のいずれかの状態に変化する。

□ 状《じょう》態《たい》変《へん》化《か》 …温度により，物質の状態が固体，液体，気体に変化すること。

□状態変化と質量…状態が変化しても質量は 変化しない 。

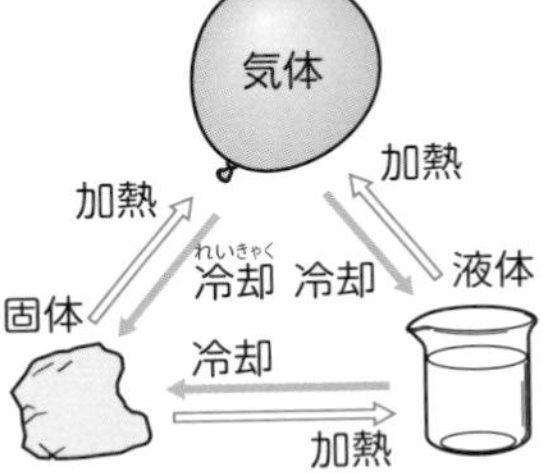

□状態変化と体積…ふつう，固体→液体→気体と変化するにつれ，体積は 大きくなる 。

□状態変化と密度…ふつう，固体→液体→気体と変化するにつれ，密度は 小さくなる 。

水は固体(氷)のほうが液体(水)よりも体積が大きくなる。

❷ 状態変化の粒子モデル

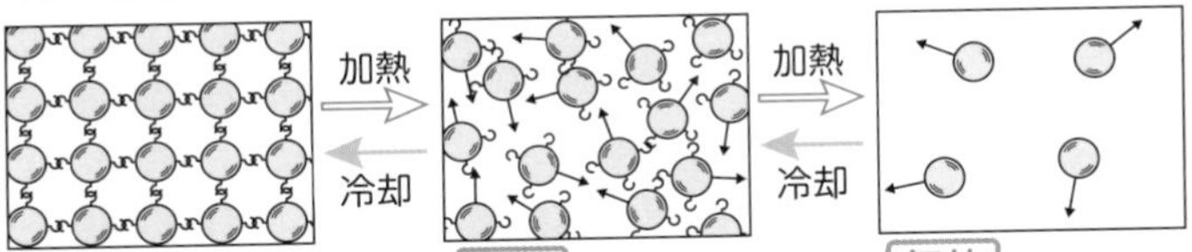

固体

粒《りゅう》子《し》はすき間なく規則正しく並び，粒子どうしは強く結びついている。

液体

粒子の間隔《かんかく》は固体より広く，比較的《ひかくてき》自由に動き回っている。

気体

粒子と粒子の間隔は広く，粒子は自由に飛び回っている。

□ 固体 …粒子は動かない。

□ 液体 …粒子の間にすき間があり，動き回っている。

□ 気体 …粒子の間隔が大きく，自由に飛び回っている。

粒子どうしの間隔が広くなると，体積は大きくなる。

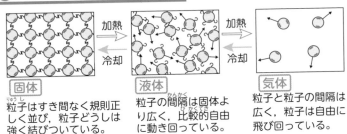

❸ 温度と状態変化の関係

□融点《ゆうてん》…固体がとけて液体になるときの温度。

□沸点《ふってん》…液体が沸騰《ふっとう》して気体になるときの温度。

□融点と沸点は，物質によって決まっていて，物質の量が変わっても変わらない。

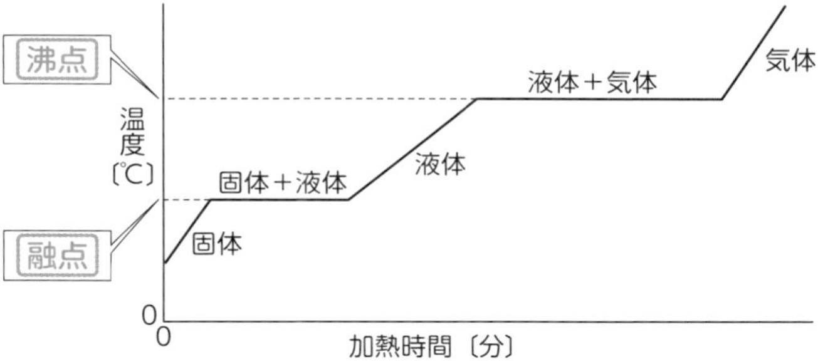

純粋な物質では，固体がすべて液体になるまで，液体がすべて気体になるまで温度は変化せず，グラフは水平になるが，混合物は決まった値にならない。

❹ 蒸留

□純粋《じゅんすい》な物質(純物質)…1 種類の物質でできているもの。水，塩化ナトリウムなど。

□混合物…複数の物質が混ざり合ったもの。食塩水(塩化ナトリウムと水)など。

□蒸留…液体を加熱して沸騰させ，出てくる気体を冷やして再び液体にして集める方法。

□エタノールと水の混合物の分離《ぶんり》…蒸留を利用して分離する。沸点はエタノールが約 78℃，水が 100 ℃なので，混合物を加熱すると，最初に出てくる気体には，沸点の低いエタノールが多くふくまれる。

10 光の性質

❶ 光の進み方

□**光源《こうげん》**…光を出す物体。

□**光の直進**…光が透明《とうめい》で均一な物質中をまっすぐに進むこと。

□**光の反射《はんしゃ》**…光が鏡などの面に当たってはね返って進むこと。

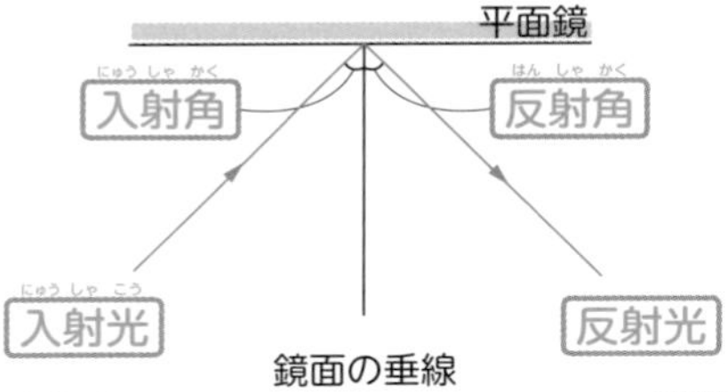

□**（光の）反射の法則**…入射角と反射角はいつも**等しい**。

□**像《ぞう》**…鏡などにうつって見える物体の姿。

●鏡で反射して目に入る光の道すじの作図

①物体（点P）の像P′をかく。

②鏡による像P′と目を直線で結ぶ。

③②の直線と鏡の交点Aと点Pを結ぶ。

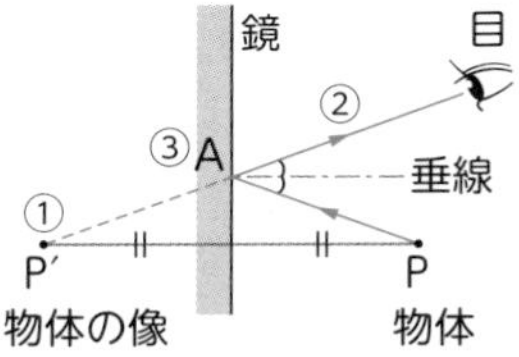

物体と像の位置は，鏡に対して線対称の関係にある。

❷ 光の屈折

□**光の屈折《くっせつ》**…光が異なる物質中に進むとき，その境界面で折れ曲がって進むこと。

境界面に垂直な光は，そのまま直進する。

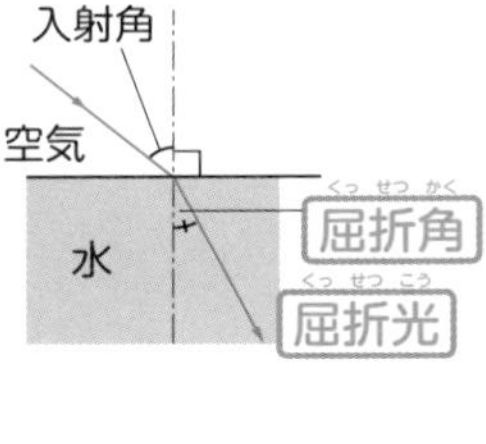

□光が空気中から水中やガラス中に進むとき
入射角 > 屈折角
境界面から遠ざかるように曲がる。

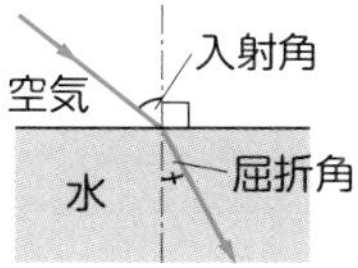

□光が水中やガラス中から空気中に進むとき
入射角 < 屈折角
境界面に近づくように曲がる。

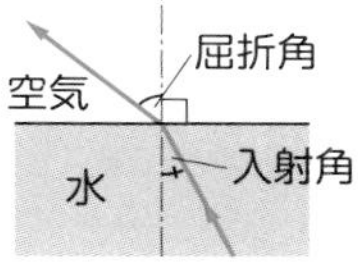

❸ 光の屈折による現象

□直方体のガラスを通して見た光源装置
光源装置から出た光は，直方体のガラスで屈折して実線のように進む。
→目には光が点線のように進んできたように見えるため，光源装置が実際よりも左にずれて見える。

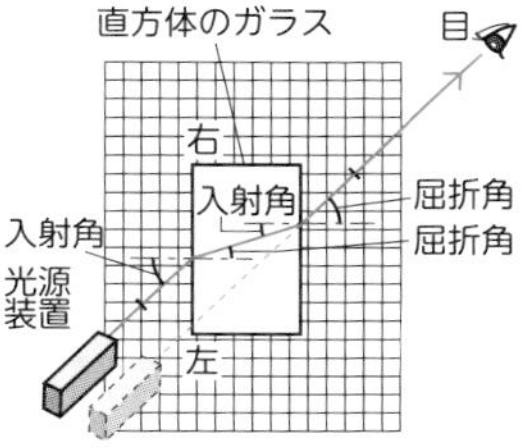

□おわんの底に入れた硬貨《こうか》
おわんの底の硬貨から出た光は水面で屈折して実線のように進む。
→目には光が点線のように進んできたように見えるため，硬貨が浮き上がって見える。

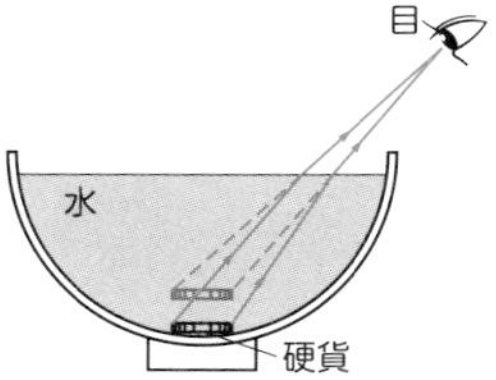

❹ 全反射

□全反射…光が水中やガラス中から空気中へ進むとき，入射角がある角度より大きくなると，光が境界面ですべて反射され，空気中に出なくなること。

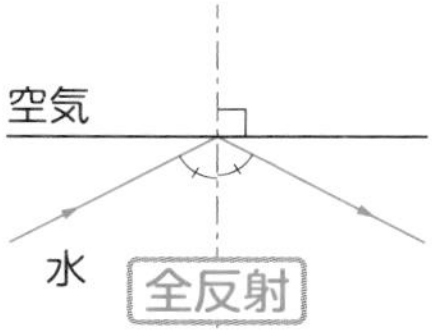

光ファイバーなどに利用されている。

11 凸レンズのはたらき

❶ 凸レンズのしくみ

□凸《とつ》レンズ…ふちよりも中心部が厚くなっているレンズ。

□光軸《こうじく》（凸レンズの軸）…凸レンズの中心を通り，レンズに対して垂直な線。

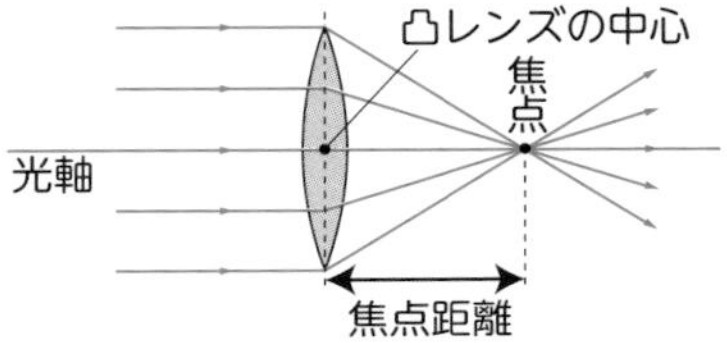

□焦点《しょうてん》…光軸に平行な光が凸レンズを通ると集まる点。レンズの両側にある。

□焦点距離《しょうてんきょり》…凸レンズの中心から焦点までの距離。

❷ 凸レンズを通る光の進み方

□光は凸レンズへの入り方によって，通った後の進み方が変わる。

①光軸に平行な光…屈折した後，反対側の焦点を通る。

②凸レンズの中心を通る光…直進する。

③焦点を通る光…屈折した後，光軸に平行に進む。

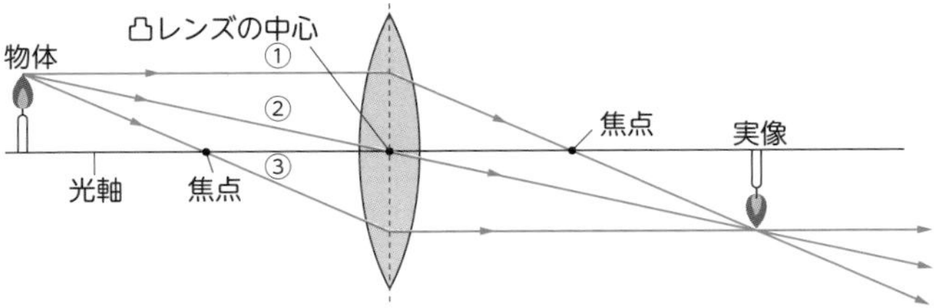

物体から出た光は，凸レンズを通った後１点に集まり，像ができる。

③ 実像

□実像…物体が焦点の外側にあるとき，物体から出て凸レンズを通った光が実際に集まってできる像。スクリーンに映すことができる。実像の向きは，実物と上下左右が逆向きである。

□実像の大きさ

①物体が焦点距離の 2 倍よりも遠い位置：実物より小さい。

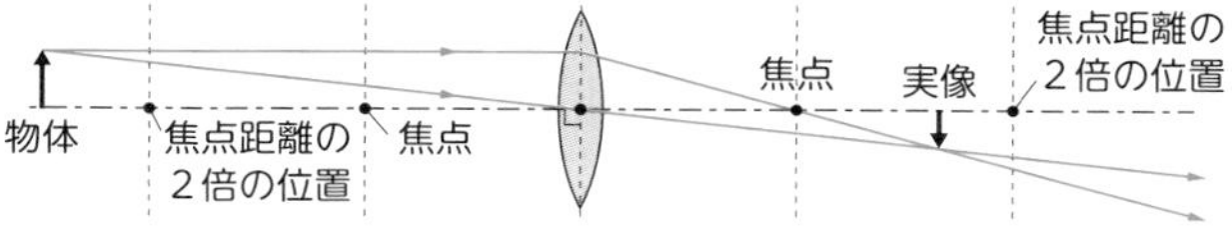

②物体が焦点距離の 2 倍の位置：実物と同じ大きさ。

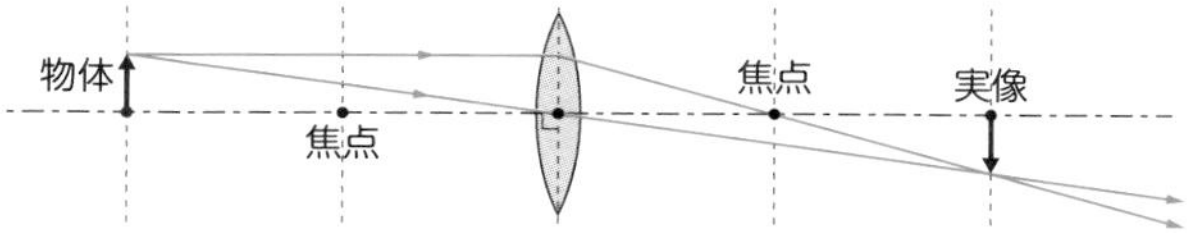

③物体が焦点距離の 2 倍よりも近い位置：実物より大きい。

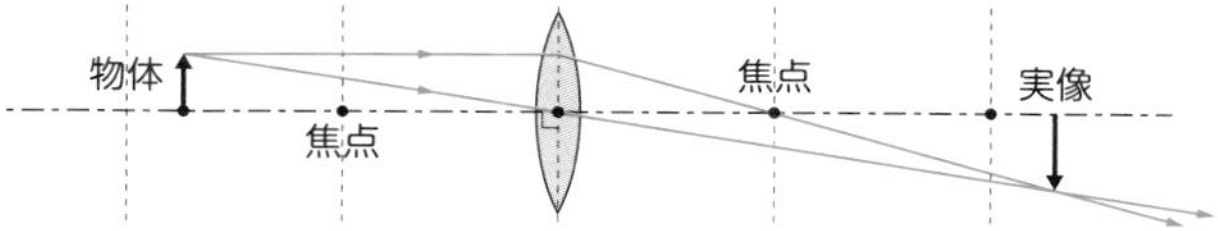

物体を凸レンズに近づけると，実像の位置は凸レンズから遠ざかる。

④ 虚像

□虚像《きょぞう》…物体が焦点の内側にあるとき，凸レンズを通して見える見かけの像。虚像の向きは，実物と上下左右が同じ。

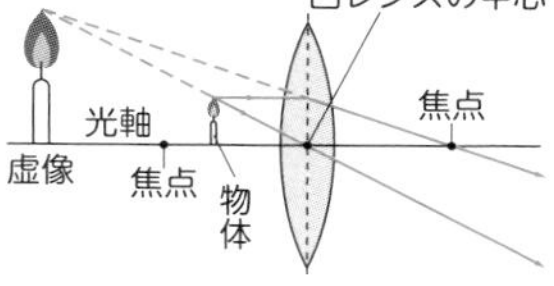

□虚像の大きさ…実物より大きい。

□物体が焦点の位置にあるとき…スクリーン上に実像はできず，凸レンズを通しても虚像は見えない。

12 音の性質

① 音の伝わり方

□音源《おんげん》(発音体《はつおんたい》)…音を出している物体。

□音…音源となる物体が振動《しんどう》することで発生する。

□音の伝わり方…物体の振動が波《なみ》としてまわりに伝わる。

音は空気などの気体のほか，水などの液体中，金属などの固体中も伝わる。

□空気が音を伝えることを調べる実験

密閉した容器にブザー(音源)を入れ，空気をぬいていく。

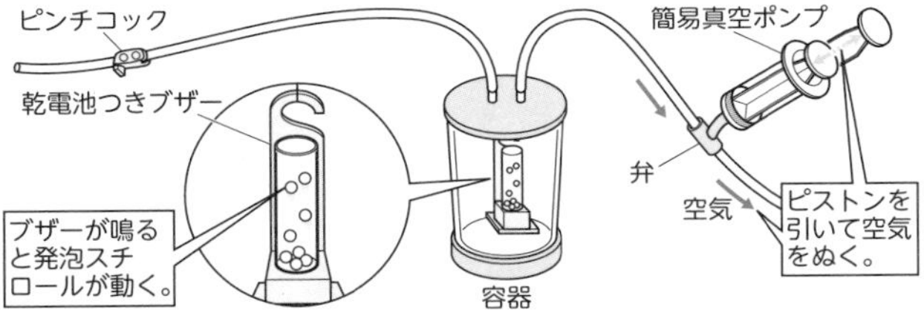

空気をぬいていくと，音はしだいに小さくなり，やがてきこえなくなる。

→音は振動するものがないと伝わらない。(真空中では伝わらない。)

② 音が伝わる速さ

□音の速さ…秒速約340mで，光の速さよりはるかに遅《おそ》い。

光の速さは秒速約30万kmである。

□音の速さの求め方

$$\text{音の速さ}〔\mathrm{m/s}〕=\frac{\text{音が伝わった距離}〔\mathrm{m}〕}{\text{伝わるのにかかった時間}〔\mathrm{s}〕}$$

❸ 音の大きさ

□振幅《しんぷく》…音源の振動の振《ふ》れ幅《はば》。

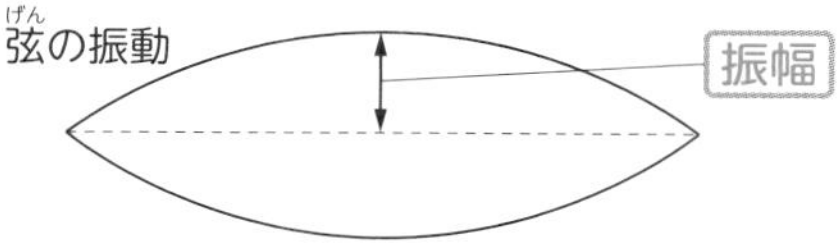

□音の大きさ…振幅が大きいほど大きく，小さいほど小さい。

□音を大きくする方法…弦を強くはじく。

振幅小 → 音の大きさ小　振幅大 → 音の大きさ大

❹ 音の高さ

□振動数《しんどうすう》…1 秒間に音源が振動する回数。単位はヘルツ〔Hz〕。

□音の高さ…振動数が多いほど高く，少ないほど低い。

□振動数を多くする方法

①弦の長さを短くする。

②弦の太さを細くする。

③弦を強く張る。

❺ 音の波形

□オシロスコープで調べた音源の振動のようす

大きい音　小さい音　高い音　低い音

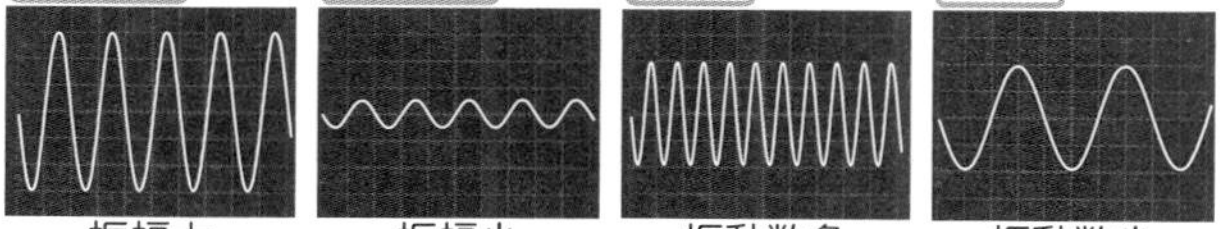

振幅大　振幅小　振動数多　振動数少

オシロスコープは，音の大小や高低を波の形として画面に表示することができる装置である。

13 力のはたらき

❶ 力のはたらき

□力には３つのはたらきがある。

①物体の**形**を変える。

②物体を**支える**。

③物体の**運動**のようす(速さや向き)を変える。

❷ いろいろな力

□**弾性《だんせい》力(弾性の力)**…変形した物体がもとにもどろうとする力。

□**重力《じゅうりょく》**…物体が地球の中心に向かって引かれる力。

□**垂直抗力《すいちょくこうりょく》**…面に接している物体に，面から垂直にはたらく力。

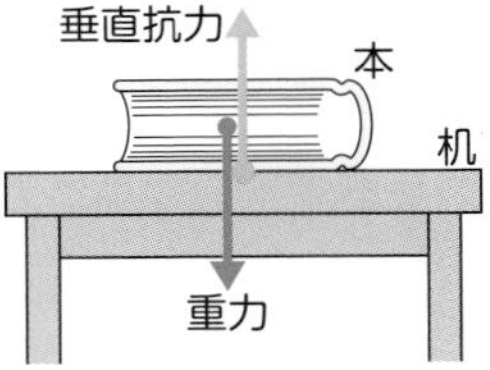

□**摩擦力《まさつりょく》**…物体が接している面の間で，物体の動きをさまたげるようにはたらく力。

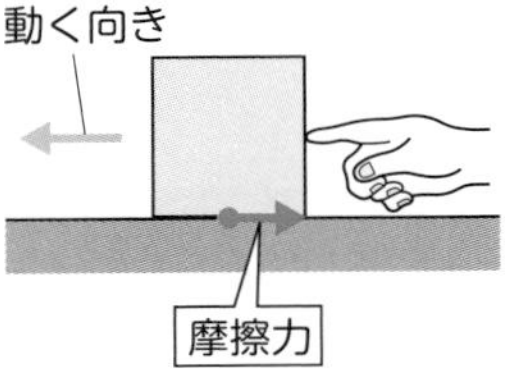

□**電気の力(電気力)**…電気がたまることではたらく力。電気には＋と－があり，同じ種類の電気どうしはしりぞけ合い，異なる種類の電気どうしは引き合う。

□**磁石《じしゃく》の力（磁力《じりょく》）**…磁石の極どうしの間にはたらく力。N極とS極があり，同じ極どうしはしりぞけ合い，異なる極どうしは引き合う。

重力，電気の力，磁石の力は，物体どうしが離《はな》れていてもはたらく力である。

③ 力の表し方

□力の大きさの単位…ニュートン〔N〕。1 Nは，100 g の物体にはたらく重力の大きさにほぼ等しい。

□力の 3 つの要素は，作用点，力の向き，力の大きさで，矢印を用いて表す。

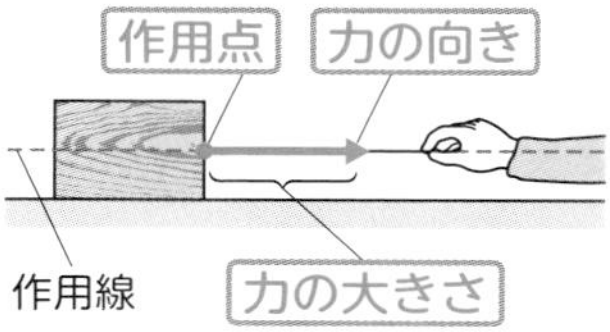

④ 重さと質量

□重さ…物体にはたらく重力の大きさ。場所によって変化する。単位はニュートン〔N〕。ばねばかりではかる。

□質量…物体そのものの量。場所によって変化しない。単位は g や kg。上皿てんびんではかる。

⑤ 力の大きさとばねののび

□フックの法則…ばねののびは，ばねを引く力の大きさに比例する。

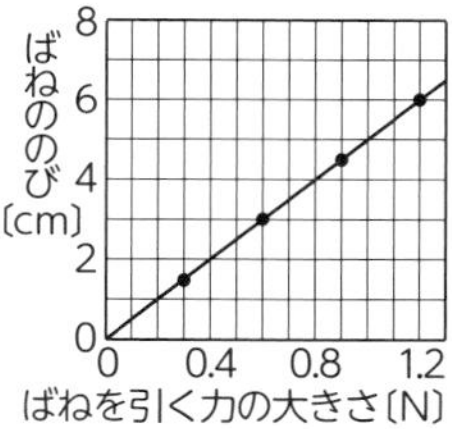

⑥ 力のつり合い

□力のつり合い…1 つの物体に 2 つ以上の力がはたらいていて，物体が動かないとき，物体にはたらく力はつり合っている。

□2 力がつり合う条件

①2 力の大きさは等しい。

②2 力の向きは反対。

③2 力は一直線上にある。

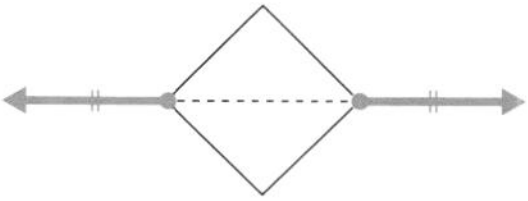

□2 力のつり合いの例…床に置いた物体を引いても動かないとき，物体を引く力と摩擦力がつり合っている。

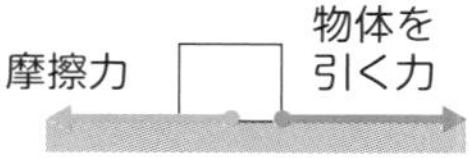

14 火山と岩石

❶ 火山の噴火

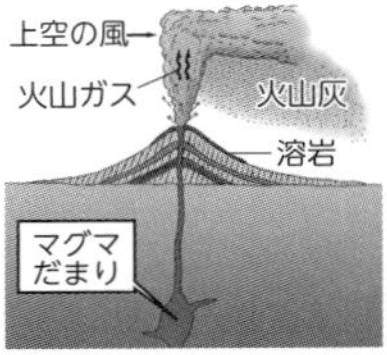

□ **マグマ**…地下の深いところで岩石がとけてできた，どろどろの高温の物質。

□ **噴火《ふんか》**…地下のマグマが押し上げられて地表に出ること。

□ **火山噴出物《かざんふんしゅつぶつ》**…噴火にともなって出る物質。

溶岩	マグマが地表に流れ出したもの。
火山ガス	気体。90％以上は**水蒸気**で，ほかに二酸化炭素，二酸化硫黄《いおう》，硫化水素《りゅうかすいそ》などがふくまれる。
火山灰	直径 2mm 以下の粒《つぶ》。

💡 このほか，火山弾《かざんだん》，火山れき，軽石《かるいし》などがある。

❷ 火山の形とマグマの性質

	傾斜《けいしゃ》がゆるやかな火山	円錐形《えんすいがた》の火山	ドーム状の火山
火山の形	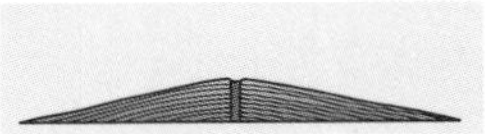 傾斜がゆるやかで，なだらかな形をしている。	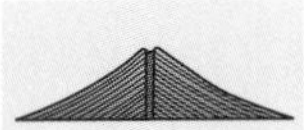 火山噴出物が積もって層をなしている。	 溶岩が盛り上がり，ドームのようになっている。
マグマのねばりけ	**弱い** ←―――	―――――――	―――→ **強い**
噴出物の色	**黒っぽい** ←―――	―――――――	―――→ **白っぽい**
噴火のしかた	**おだやか** ←―――	―――――――	―――→ **激しい（爆発的《ばくはつてき》）**

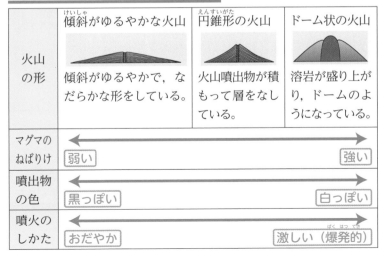

❸ 火成岩

□ 火成岩《かせいがん》…マグマが冷えて固まった岩石。

□ 火山岩《かざんがん》…マグマが地表または地表近くで急に冷えて固まってできた岩石。つくりは，石基《せっき》と斑晶《はんしょう》からなる斑状《はんじょう》組織《そしき》。

□ 深成岩《しんせいがん》…マグマが地下深くでゆっくり冷え固まってできた岩石。つくりは，同じくらいの大きさの結晶からなる等粒状《とうりゅうじょう》組織《そしき》。

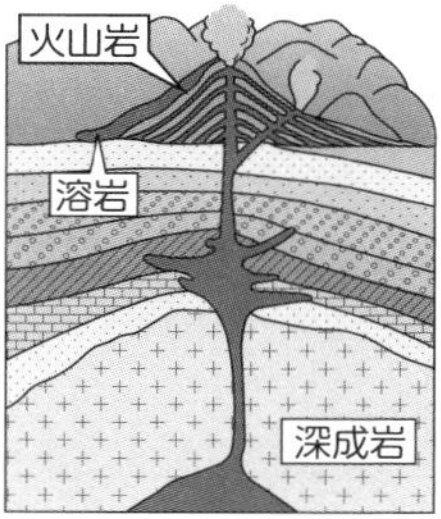

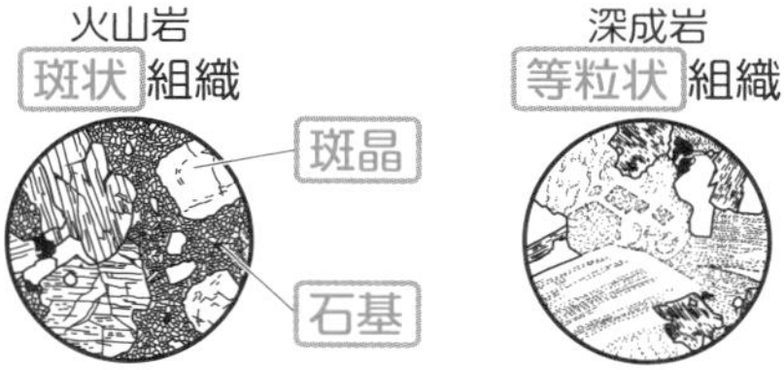

石基は，小さな鉱物《こうぶつ》か，ガラス質の固体でできている。

❹ 火成岩の色と鉱物

□ 鉱物…マグマが冷えてできた粒のうち結晶になったもの。

□ 無色鉱物…白っぽい鉱物。セキエイ，チョウ石。

□ 有色鉱物…黒っぽい鉱物。クロウンモ，カクセン石，キ石など。

		火成岩の種類			組織
でき方	火山岩（急に冷える）	流紋岩《りゅうもんがん》	安山岩	玄武岩《げんぶがん》	斑状
	深成岩（ゆっくり冷える）	花こう岩	せん緑岩《りょくがん》	斑《はん》れい岩《がん》	等粒状
全体の色		白っぽい ←→	中間	←→ 黒っぽい	

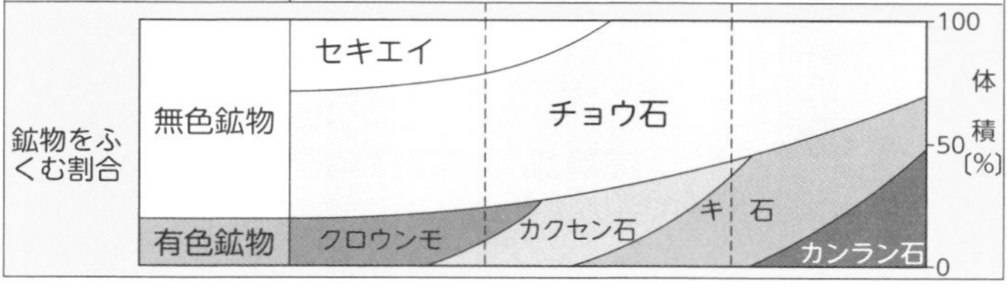

15 地震

❶ 地震

□**震源《しんげん》**…地震が発生した地下の地点。

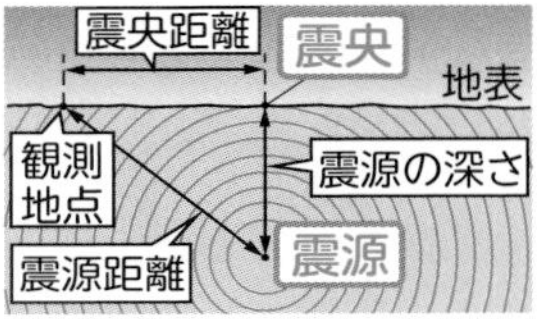

□**震央《しんおう》**…震源の真上の地表の地点。

□**初期微動《しょきびどう》**…初めの小さなゆれ。

P 波によって伝えられる。

□**主要動《しゅようどう》**…後からくる大きなゆれ。**S 波**によって伝えられる。

●地震計による地震のゆれの記録

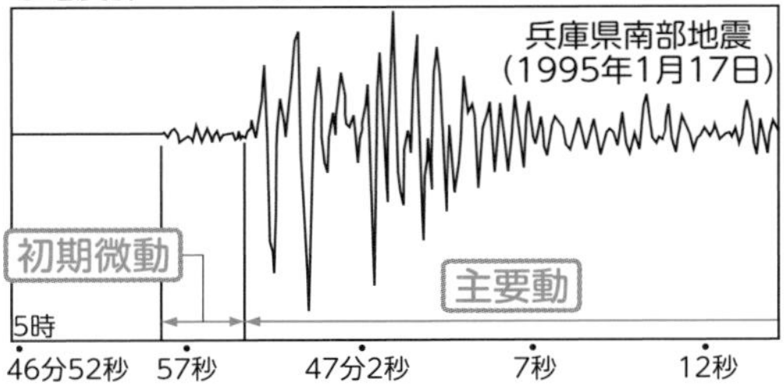

●地震計

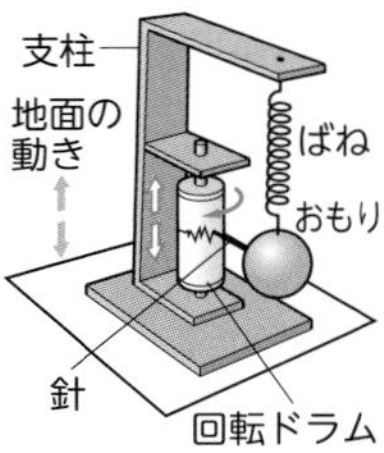

□**初期微動継続時間《しょきびどうけいぞくじかん》**…初期微動が始まってから主要動が始まるまでの時間。震源からの距離《きょり》が大きいほど長くなる。

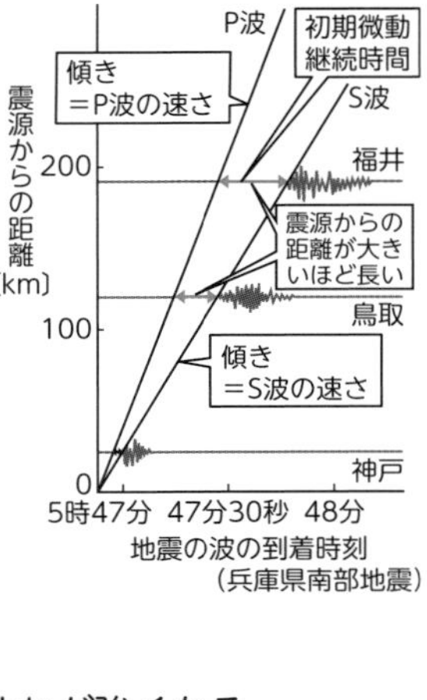

□**震度《しんど》**…観測地点における地震のゆれの強さを，0 ～ 7 まで(5 と 6 はそれぞれ強と弱)の 10 段階で表した値。

□**マグニチュード**…地震の規模の大きさを示す値。

💡マグニチュードが大きいほど，
ゆれが感じられる範囲《はんい》が広くなり，ゆれが強くなる。

② 地震のゆれの伝わり方

□地震のゆれは，波として周囲に伝わっていく。

□地震は，震央を中心に同心円状に伝わる。

③ 地震が起こるしくみ

□震央の分布…日本付近では，海溝《かいこう》にそって帯状に分布し，大陸側に集中している。

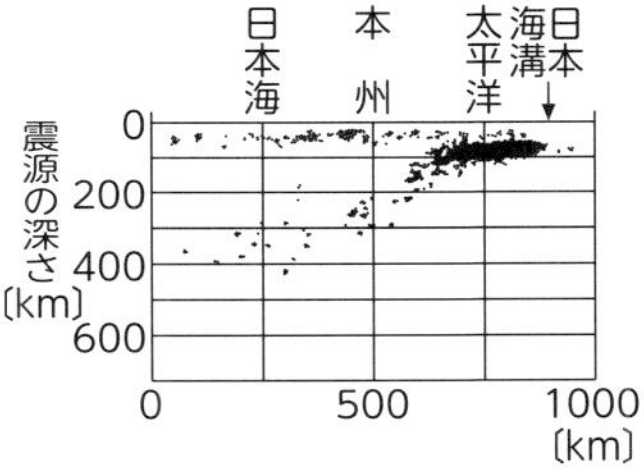

□海溝…海底にある，溝のように深くなっている部分。

□震源の深さ…太平洋側では浅く，日本海側に向かうにつれて深くなる。

□プレート…地球の表面をおおう厚さ100kmほどの岩盤《がんばん》。日本付近には4つのプレートがある。

□日本付近では，海洋プレートが大陸プレートの下に沈《しず》みこんでいる。大陸プレートにひずみができ，このひずみがもとにもどろうとするときに，地震が起こる。

●日本付近で地震が発生しやすい場所

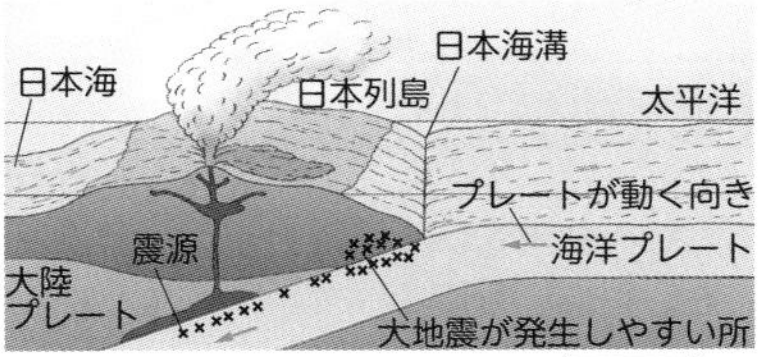

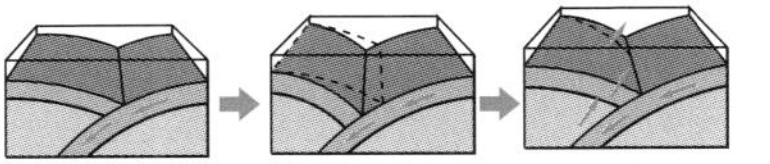

①海洋プレートが大陸プレートの下に沈みこむ。　②大陸プレートが海洋プレートに引きずりこまれる。　③大陸プレートがひずみにたえきれなくなり，反発して地震が起こる。

④ 地震による災害

□津波《つなみ》…海底で地震が起こったときに発生する大きな波。

□液状《えきじょう》化《か》現象《げんしょう》…地盤が液体状になること。

そのほか，建築物の倒壊《とうかい》，がけくずれなどの土砂災害も起こる。

理科

16 地層と堆積岩

❶ 風化と流水のはたらき

□ 風化《ふうか》…気温の変化や水などのはたらきによって，岩石の表面がもろくなること。

□ 侵食《しんしょく》…流水のはたらきなどによって，地表付近の岩石がけずりとられること。

□ 運搬《うんぱん》…侵食された岩石が流水によって運ばれること。運ばれる間に，岩石はしだいに細かくくだかれ，粒《つぶ》が丸くなっていく。

□ 堆積《たいせき》…流水のはたらきによって運ばれてきた土砂が，流れのゆるやかなところ(海・湖)に積み重なること。

❷ 地層のでき方

□ 土砂が堆積するようす…粒の 大きい ものは河口付近， 小さい ものは沖合に堆積する。

□ 地層のでき方…土砂がくり返し運ばれ 堆積 することで，地層ができる。

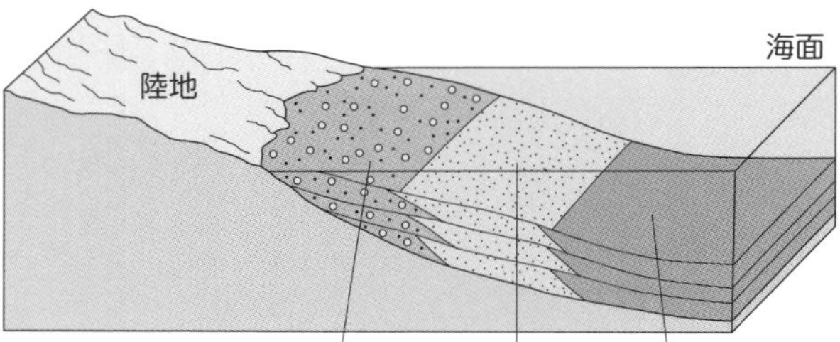

れき　砂　泥

粒の大きさ 大 ←→ 小

地表で見られる地層の多くは，過去に水中でできたものが，大地の隆起などによって現れたものである。

❸ 地層に見られる岩石

□堆積岩《たいせきがん》…堆積物が長い年月の間に押《お》し固められてできた岩石。

□堆積岩の特徴《とくちょう》…粒の形は丸みを帯びていて，粒の大きさは一様である。化石をふくむことがある。

□堆積岩の種類

岩石名	特徴		
れき岩	粒が丸い。	粒の大きさ	2mm 以上
砂岩			2 ~ 0.06mm
泥岩			0.06mm 以下
石灰岩	生物の遺がいが堆積。塩酸をかけるととけて二酸化炭素が発生する。		
チャート	生物の遺がいが堆積。塩酸をかけてもとけない。		
凝灰岩	火山灰などが堆積。		

❹ 地層の対比

□柱状図《ちゅうじょうず》…地層の重なるようすを1本の柱のように表した図。

□鍵層《かぎそう》…離《はな》れた地層の対比の目印になる層。凝灰岩の層など。

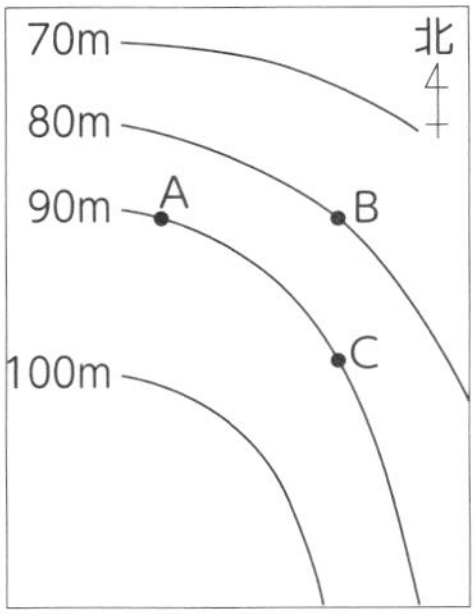

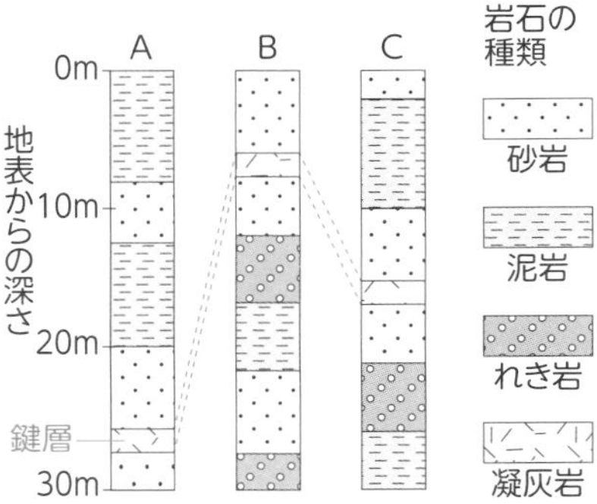

地層はふつう，下の層ほど古い。

理科

17 化石と大地の変化

❶ 化石

□化石…生物の遺がいやあしあと，生活のあとなどが地層の中に残ったもの。

□示相化石《しそうかせき》…地層が堆積《たいせき》した当時の環境を知る手がかりになる化石。生活する環境《かんきょう》が限られていて，しかも生活のようすがくわしくわかっている生物の化石が適している。

示相化石となる生物の例	化石となった生物が生息していた環境
サンゴ	あたたかくて浅い海
シジミ	河口や湖
ブナの葉	温帯のやや寒冷な陸上

□示準化石《しじゅんかせき》…その化石をふくむ地層の年代を知る手がかりになる化石。広い範囲《はんい》にすんでいて，短い期間に栄えて絶滅《ぜつめつ》した生物の化石が適している。

□地質年代…地球の歴史をいくつかの時代に分けたもの。古い時代から順に，古生代，中生代，新生代に分けられている。

地質年代	示準化石の例
古生代	フズリナ，サンヨウチュウ
中生代	恐竜《きょうりゅう》，アンモナイト
新生代	マンモス，ナウマンゾウ，ビカリア，メタセコイア

示相化石は地層が堆積した当時の環境を知ることができ，示準化石はその化石をふくむ地層の年代を知ることができる。

❷ 大地の変化

□ 隆起《りゅうき》…海水面に対して土地が上昇《じょうしょう》すること。

□ 沈降《ちんこう》…海水面に対して土地が下降すること。

□ 海岸段丘《かいがんだんきゅう》…海水の侵食《しんしょく》と隆起によってできる階段状の地形。海水の侵食によってできた崖《がけ》や平らな土地が隆起すると，もとの平らな土地は段丘面となる。

●海岸段丘のでき方

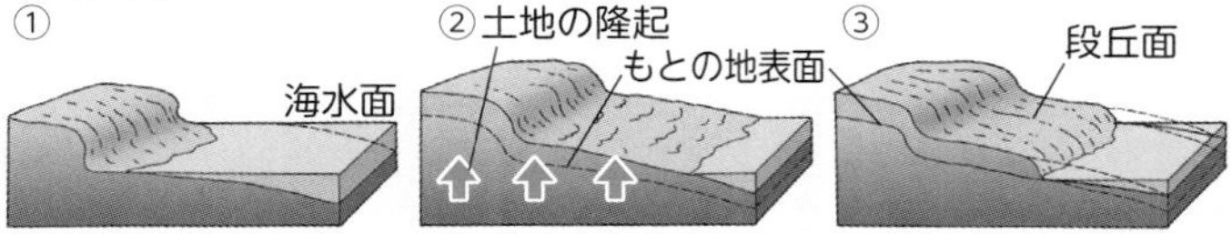

① 海岸が海水のはたらきで侵食され，平らな面ができる。

② 土地が隆起して，平らな面が現れる。

③ ①，②がくり返されることで階段状の地形ができる。

海岸段丘は侵食のはたらきによってできる。

□ しゅう曲…地層が横から大きな力を受けて，波打つように曲げられた地形。

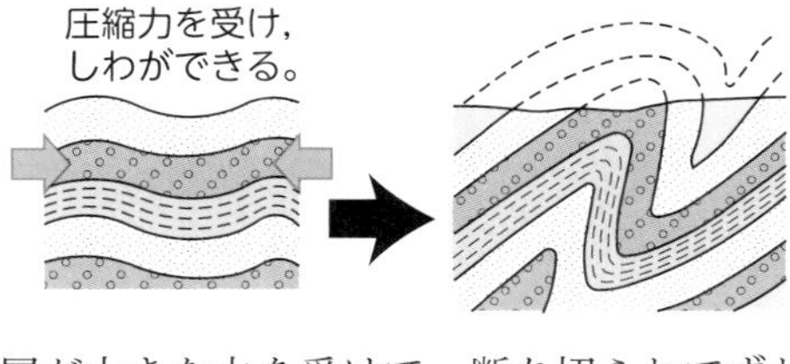

□ 断層…地層が大きな力を受けて，断ち切られてずれた地形。

●縦ずれ断層　　●横ずれ断層

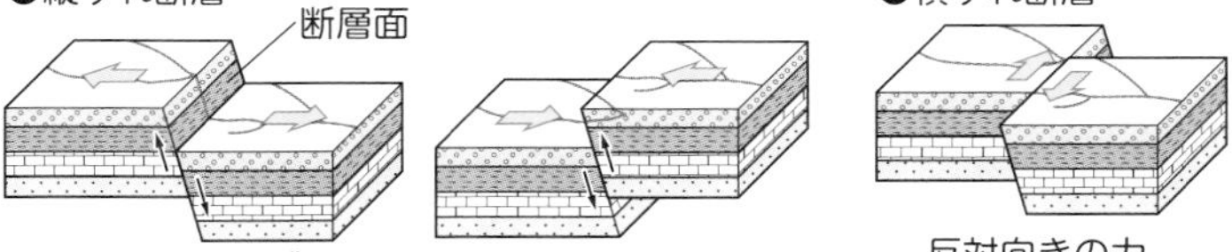

正断層：引きのばす力がはたらく。

逆断層：押し縮める力がはたらく。

反対向きの力がはたらく。

断層は，力の加わり方によっていろいろな種類がある。

理科

+α 実験器具の使い方

❶ メスシリンダーの使い方

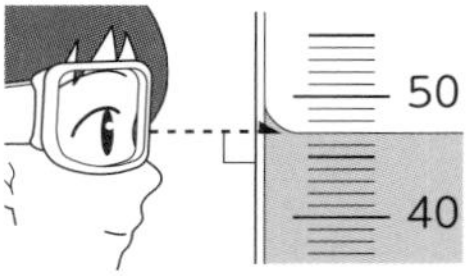

□メスシリンダーは，液体の体積をはかる。

□メスシリンダーは，水平な台の上に置き，液面のへこんだ面を真横から水平に見て，目盛りの$\frac{1}{10}$まで目分量で読みとる。

❷ 上皿てんびんの使い方

□上皿てんびんは，安定した水平な台の上に置き，指針が左右に同じように振《ふ》れるように，調節ねじで調節する。

□はかるときは，質量が少し大きい分銅を皿にのせて，大きすぎたら軽いものととりかえる。

❸ ガスバーナーの使い方

□ガスバーナーの調節ねじは，上が空気調節ねじで，下がガス調節ねじである。それぞれの調節ねじは，右に回すと閉めることが，左に回すと開けることができる。

□ガスバーナーの火のつけ方と炎の調節

①空気調節ねじとガス調節ねじが閉まっていることを確認する。

②ガスの元《もと》栓《せん》を開いてからコックを開く。

③マッチに火をつけ，ガス調節ねじを開いて点火する。

④ガス調節ねじを回して，炎の大きさを調節する。

⑤ガス調節ねじを押さえたまま，空気調節ねじを少しずつ開いて，青色の炎にする。

火を消すときは，つけるときとは逆の操作を行う。

社会

スマホで一問一答！

1 世界の姿

❶ 世界の地域区分

□六大陸と三大洋

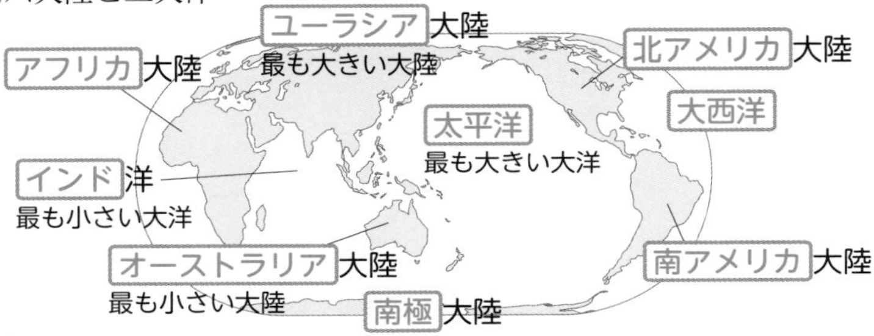

💡地球の表面の約３割は陸地，約７割は海洋である。

□世界の州区分

❷ 世界の国々

□まわりを海に囲まれている国を島国（海洋国）という。

□海に面していない国を内陸国という。

□面積最大の国…ロシア連《れん》邦《ぽう》（日本の約 45 倍）

□面積最小の国…バチカン市国（ローマ市内に位置する）

□国と国の境目を国境という。

□国や地域の人口を面積でわったものを人口密度という。

❸ 緯度と経度

□緯度《いど》…赤道《せきどう》を0度とし，それより南は南緯，北は北緯という。それぞれ90度に分けられている。

□経度《けいど》…ロンドンを通る本初子午線《ほんしょしごせん》を0度とし，それより東を東経，西を西経という。それぞれ180度に分けられている。

□同じ緯度を結んだ線を緯線，同じ経度を結んだ線を経線という。

地球上の反対側の地点の緯度・経度を求めるには，東経と西経を入れかえて，180から元の地点の経度をひく。その上で南緯と北緯を入れかえる。

□高緯度の地域で，太陽が一日中沈《しず》まなかったり，沈んでも明るい夜が続いたりする現象を白夜という。

❹ 地球儀と地図

□地球儀《ぎ》…地球を小さくした模型《もけい》。距離《きょり》や面積，形，方位を正しく表す。

▼世界地図

□緯線と経線が直角に交わる地図

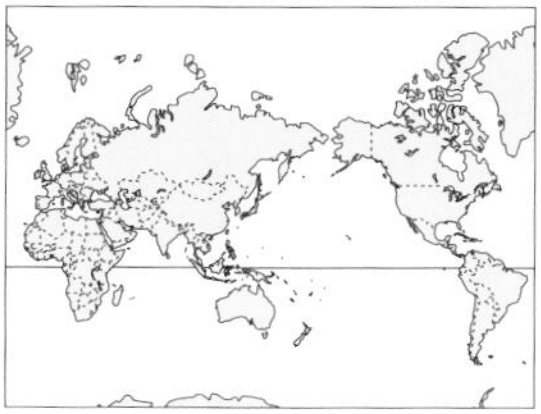

□面積が正しい地図

□中心からの距離と方位が正しい地図

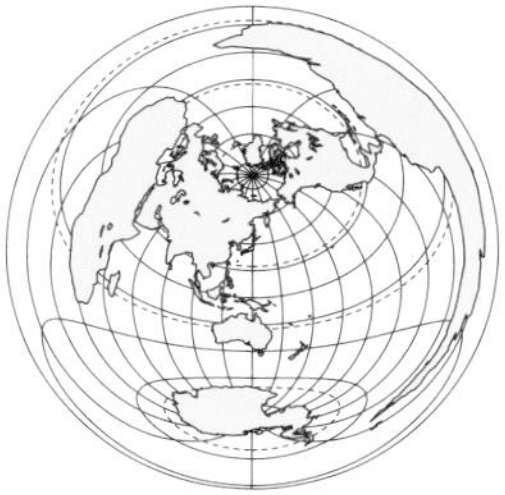

2 日本の姿

① 日本の位置

□日本の緯度《いど》・経度《けいど》の範囲《はんい》…北緯《ほくい》20 ～ 46 度，東経《とうけい》122 ～ 154 度。

□他国との位置関係…韓国《かんこく》や中国の隣国《りんごく》，ユーラシア大陸の東，太平洋《たいへいよう》の北西部に位置する島国（海洋国）。

□日本と緯度・経度が同じ部分がある国

② 日本と世界との時差

□各国で使われる時刻の基準となる経線を標準《ひょうじゅん》時《じ》子《し》午《ご》線《せん》という。

□経度 15 度ごとに 1 時間の時差が生じる。

□日本と世界との時差

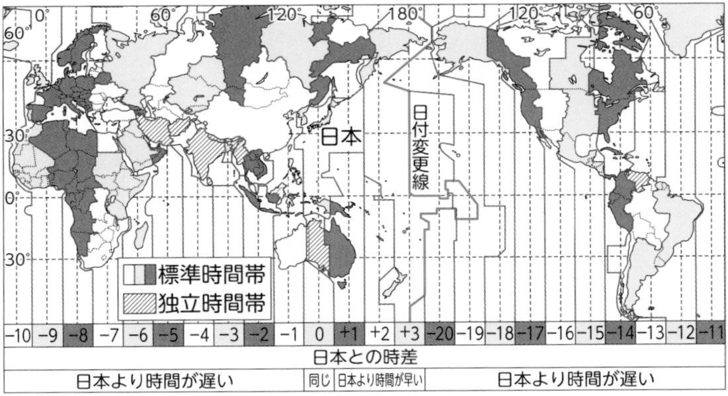

❸ 日本の領域

□日本の国土面積…約 38万 km²。

□ 領域《りょういき》 …領土，領海，領空を合わせた範囲。

□日本の領域と排他的《はいたてき》経済水域

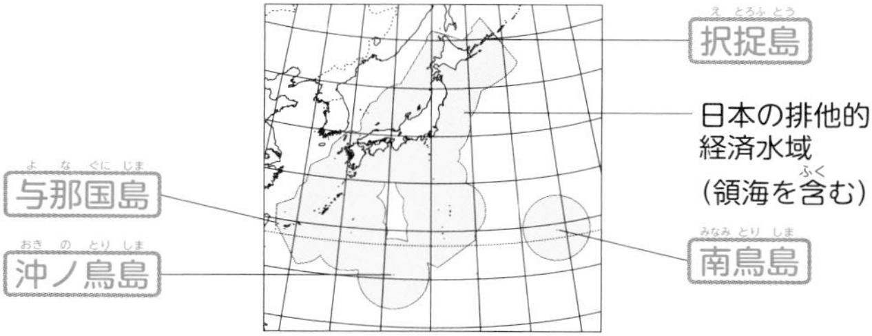

排他的経済水域は，沿岸国が資源を利用する権利をもつ。

❹ 日本の領土をめぐる問題

□ 北方領土 …北海道の歯舞群島《はぼまいぐんとう》，色丹島《しこたんとう》，国後島《くなしりとう》，択捉島。現在，ロシア連邦 が不法に占拠《せんきょ》している。

□日本海にある 竹島 は，現在，韓国が不法に占拠している。

□東シナ海にある 尖閣諸島《せんかくしょとう》 は，現在，中国や台湾《たいわん》が領有権を主張している。

❺ 日本の都道府県

□日本の都道府県は，1 都 1 道 2 府 43 県である。

□都道府県庁が置かれている都市を 都道府県庁所在地《とどうふけんちょうしょざいち》 という。

▼日本の７地方区分

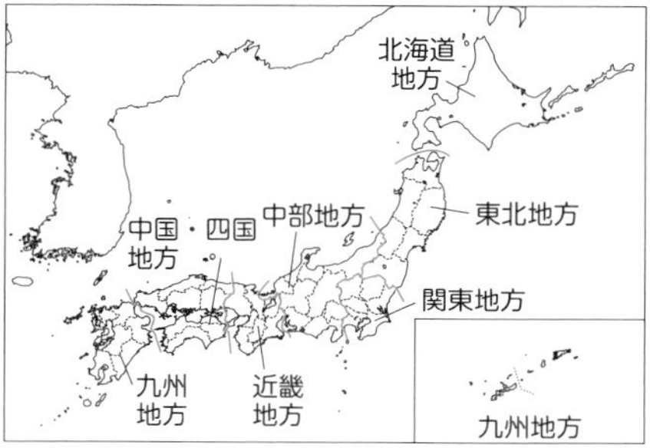

3 世界の人々の生活と環境

① 世界の気候

□世界の気候

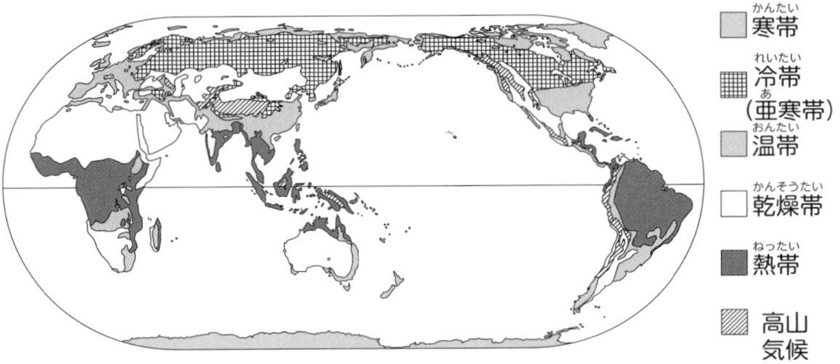

□**熱帯**…一年を通して高温で，主に**赤道《せきどう》**付近に分布。一年中降水量の多い**熱帯雨林《ねったいうりん》**気候と，雨季《うき》と乾季《かんき》のある**サバナ**気候に分けられる。

□**乾燥帯**…一年を通して降水量が少ない。雨がほとんど降らず，岩石や砂の砂漠《さばく》が広がる**砂漠**気候と，雨季にわずかに雨が降り，短い草の生える草原が広がる**ステップ**気候に分けられる。

□**温帯**…四季《しき》の変化がある。**季節風《きせつふう》(モンスーン)**の影響《えいきょう》を受ける地域をふくむ**温暖湿潤《おんだんしつじゅん》**気候と，暖流《だんりゅう》と偏西風《へんせいふう》の影響で，高緯度のわりに温暖なところが多い**西岸海洋性《せいがんかいようせい》**気候，夏は暑く乾燥し，冬は降水量がやや多くなる**地中海性《ちちゅうかいせい》**気候の３つに分けられる。

□**冷帯(亜寒帯)**…夏は短く，冬の寒さが厳しい。夏と冬の気温差が大きい。**タイガ**という針葉樹林《しんようじゅりん》が広がっている地域がある。

□寒帯…一年を通して気温が低い。短い夏に草やこけが生える ツンドラ気候と，一年中雪や氷に閉ざされ，植物が全く育たない 氷雪気候に分けられる。

□高山気候…熱帯や温帯の標高の高い地域。同緯度の平地に比べ，気温が低い。

❷ 各地の住居

□各地の住居は，気候に合わせた材料でつくられている。

□エジプトなどでみられる 日干しれんがの住居

□モンゴルでみられる移動式の住居(ゲル)

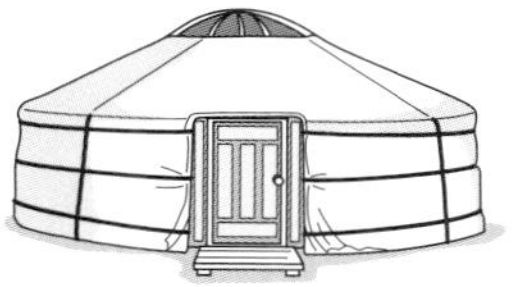

❸ 世界の宗教

□三大宗教…世界で広く信仰《しんこう》されている キリスト教，イスラム教，仏教。

□民族宗教…ヒンドゥー教，ユダヤ教など。

世界の宗教の分布

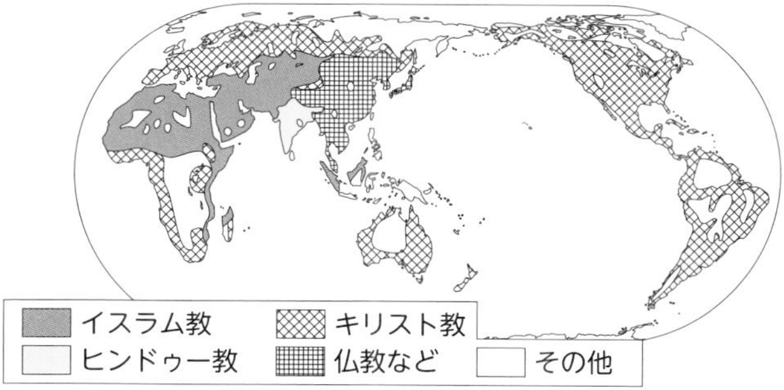

(「ディルケ世界地図2015年版」ほか)

4 アジア州①

❶ 自然環境

□地形…世界の屋根とよばれる ヒマラヤ山脈 ，チベット高原から大河が流れ出ている。中央部と西部に砂漠《さばく》が広がっている。

□地域区分…日本のある 東アジア のほか，東南アジア，南アジア，西アジアといった地域区分がある。

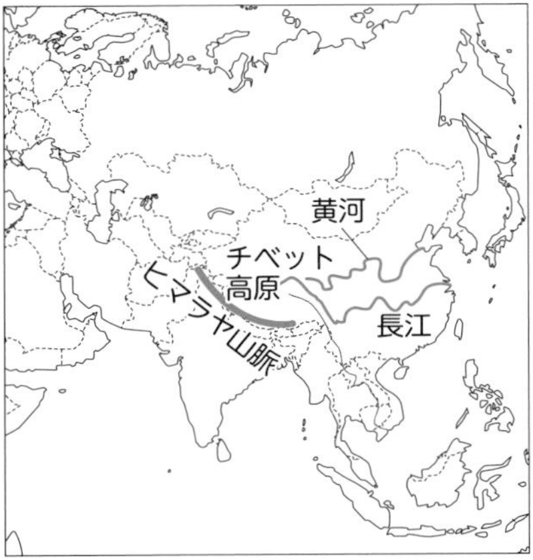

□南アジア～東アジアの沿岸部は温帯で，季節によって風向きが変わる 季節風《きせつふう》（モンスーン） の影響《えいきょう》を受け，降水量が多い。→雨季《うき》と乾季《かんき》がある。

□内陸部は乾《かわ》いた 乾燥帯《かんそうたい》 が広がる。

❷ 人々の暮らし

□人口…アジアには世界の人口の約 6 割が住んでいる。

□宗教…インドでは，多くの人が ヒンドゥー教 を信じる。西アジアには イスラム教 の聖地などがある。フィリピンはスペインの植民地となったことなどから キリスト教 の信者が多い。タイは 仏教 がさかん。

▼世界の宗教別人口割合

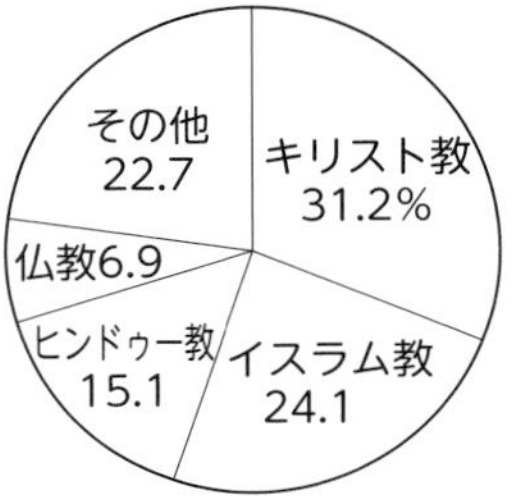

（「世界国勢図会2020/21年版」）

❸ 中華人民共和国(中国)

□人口・民族…人口が多く，約 14 億人(2019 年)。約 9 割を占《し》める**漢族《かんぞく》**と 55 の少数民族からなる**多民族国家《たみんぞくこっか》**。長く続けられていた人口抑制策《よくせいさく》である**一人《ひとり》っ子《こ》政策《せいさく》**は廃止《はいし》された。

□農業…気候に合わせた農業が行われている。

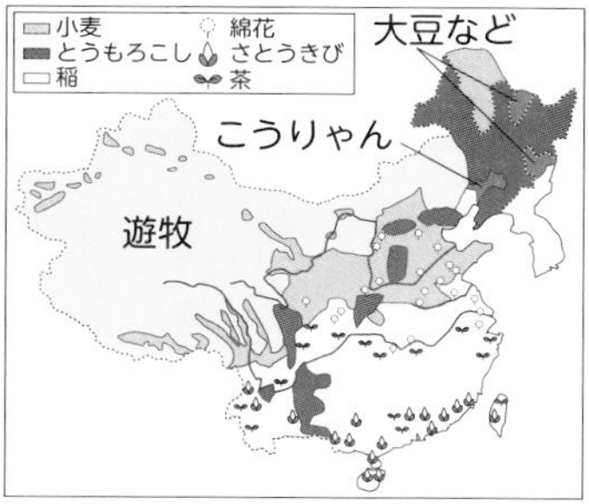

□工業…沿岸部に，外国企業《きぎょう》に対して優遇措置《ゆうぐうそち》をとる**経済特区《けいざいとっく》**が設けられた。中国は「**世界の工場**」とよばれるようになった。

□課題…経済発展が進んだ結果，発展した沿岸部と発展途上の内陸部で**経済格差《けいざいかくさ》**が発生。沿岸部は都市問題や環境問題が発生。

❹ 大韓民国(韓国)

□韓国《かんこく》は, 1970 年代ごろから急速に工業化が進み, 台湾《たいわん》, ホンコン, シンガポールとともに**アジアＮＩＥＳ《ニーズ》(新興工業経済地域《しんこうこうぎょうけいざいちいき》)**となった。

□韓国は国内市場の規模が小さいため，輸出主導の経済政策をとってきた。現在は，半導体などの**先端技術産業《せんたんぎじゅつさんぎょう》**がさかん。

▼韓国の輸出品の変化

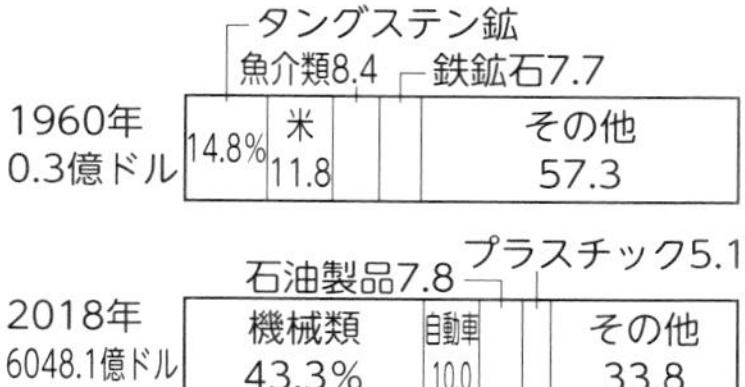

(「世界国勢図会2020/21年版」ほか)

5 アジア州②

❶ 東南アジア

□東南アジアの経済など，さまざまな分野で，華人《かじん》という中国系の人々が活躍《かつやく》している。

□東南《とうなん》アジア諸国連合《しょこくれんごう》（ＡＳＥＡＮ《アセアン》）…東南アジアの10か国からなる地域協力機構。加盟国間の政治・経済的結びつきを強めている。

▼ＡＳＥＡＮ加盟国

□農業…マレーシアやインドネシアでは天然ゴムなどの商品作物をプランテーションで大規模に栽培《さいばい》。インドネシアなどではマングローブを切り開いた池でえびを養殖《ようしょく》。

□工業…シンガポール，タイ，マレーシアなどでは，輸出の中心が農産物や鉱産資源から工業製品へ変化。

外国企業《きぎょう》を積極的に誘致《ゆうち》して工業化を進めてきた。

▼タイの輸出品の変化

1980年 65.1億ドル	米 14.7%	野菜 11.5	天然ゴム 9.3	すず 8.5	その他 56.0
2018年 2524.9億ドル	機械類 31.2%	自動車 12.1	プラスチック4.7	石油製品3.7	その他 48.3

（「世界国勢図会2020/21年版」ほか）

□進む都市化…経済成長の進むタイやベトナムは，生活環境《かんきょう》の悪いスラムの拡大や，激しい交通渋滞《じゅうたい》が問題になっている。

❷ 南アジア

□宗教…インド(人口約14億人，2019年)では，約8割がヒンドゥー教を信仰《しんこう》している。パキスタンなどではイスラム教を信仰している人が多い。

▼南アジアの農業地域

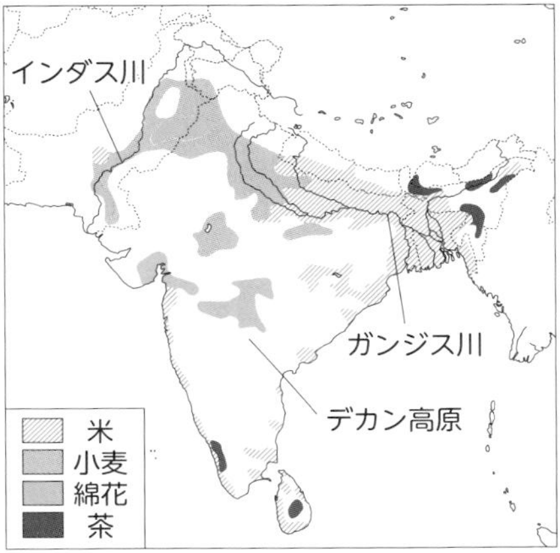

□農業…ガンジス川流域や季節風（モンスーン）の影響《えいきょう》が大きい沿岸部では稲作《いなさく》，デカン高原では綿花の栽培がさかん。

□工業…インドでは，情報通信技術《じょうほうつうしんぎじゅつ》（ＩＣＴ）関連産業がさかん。バングラデシュやパキスタンでは，豊富で安い労働力を使い繊維《せんい》産業がさかん。

インドでは英語や数学の教育水準が高いことからＩＣＴ関連産業がさかんになった。

❸ 西アジア，中央アジア

▼西アジア・中央アジアの鉱産資源

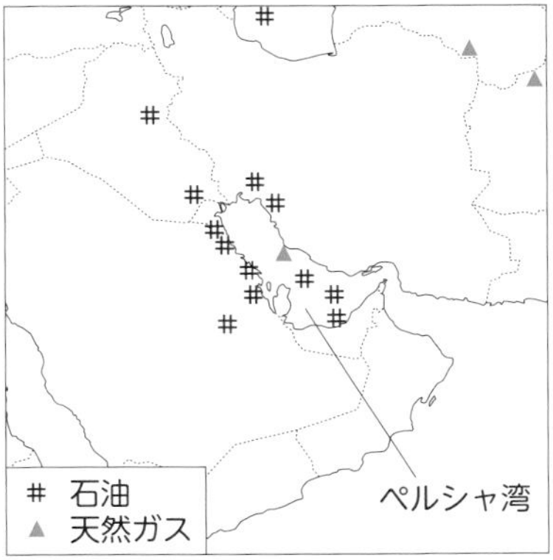

□西アジアから中央アジアにかけて，特にペルシャ湾岸には石油資源が多く，パイプラインやタンカーで，ヨーロッパや北アメリカ，日本などへ運ばれている。

□西アジアなどの産油国は，石油輸出国機構《せきゆゆしゅつこくきこう》（ＯＰＥＣ《オペック》）を結成。

□中央アジアは天然ガスや希少金属（レアメタル）が豊富。

□内戦が続く地域もある。→住むところを追われた難民《なんみん》が発生。

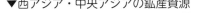

6 ヨーロッパ州

❶ 自然環境

□アルプス山脈から流れ出るライン川は，国際河川である。

□スカンディナビア半島には，氷河に削《けず》られた谷が海岸線となっているフィヨルドがみられる。

□北部では，夏に夜も太陽が沈《しず》みきらない白《びゃく》夜《や》がみられる。

□ヨーロッパの西を流れる北大西洋海流とその上をふく偏《へん》西《せい》風《ふう》の影響《えいきょう》で，沿岸部は緯《い》度《ど》の割に温暖な西岸海洋性気候。

□地中海沿岸は，夏の降水量が少ない地中海性気候。

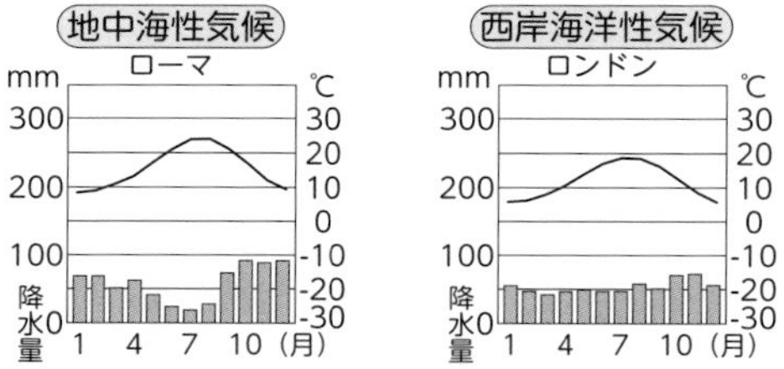

（「理科年表2021年版」ほか）

❷ 文化と地域統合

□宗教と言語

宗教	広くキリスト教を信仰《しんこう》。カトリック，プロテスタント，正教会といった宗派がある。近年イスラム教信者も増加。
言語	北西部ではゲルマン系言語，南部ではラテン系言語，東部ではスラブ系言語がそれぞれ中心となっている。

□ヨーロッパ連《れん》合《ごう》（EU）…政治的・経済的な統合を進める。1993年に成立。共通通貨ユーロを導入。

ユーロを使用していない国もある。

③ 産業

□農業…最大の農業国はフランスで，世界有数の小麦輸出国。ＥＵでは，食料自給率を上げるために，農家を保護する共通農業《きょうつうのうぎょう》政策がとられてきたが，現在，見直しが進められている。

▼ヨーロッパの農業地域

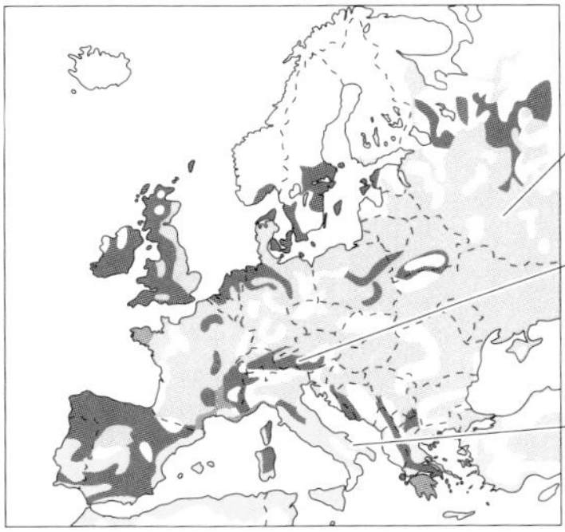

作物の栽培《さいばい》と家畜《かちく》の飼育を組み合わせた混合農業《こんごうのうぎょう》。

乳牛を飼育し，乳製品を加工する酪農《らくのう》や放牧。

冬に小麦を栽培，夏にオレンジやオリーブ，ぶどうを栽培する地中海式農業《ちちゅうかいしきのうぎょう》。

□工業…自動車・医薬品・航空機を生産する先端技術産業《せんたんぎじゅつさんぎょう》やＩＣＴ関連産業がさかん。航空機は，ＥＵ加盟国間の協力による国際分業《こくさいぶんぎょう》がなされている。

④ 課題

□ＥＵがかかえる問題…ドイツやフランスなどの賃金が高い国と，ＥＵの東部や南部の国との経済格差が問題になっている。

□アフリカなどからの移民への支援《しえん》も課題。

□イギリスは 2020 年にＥＵを離脱《りだつ》。

□環境保全に対する意識から，持続可能《じぞくかのう》な社会《しゃかい》をめざす。

⑤ ロシア連邦

□ウラル山脈を境にアジア州とヨーロッパ州にまたがる。

□農業…南西部の黒土地帯で小麦の栽培がさかん。

□工業…石油や天然ガスをパイプラインを使って輸出。

7 アフリカ州

❶ 自然環境

□地形と気候…北部に世界最大の サハラ砂漠《さばく》 が広がる。

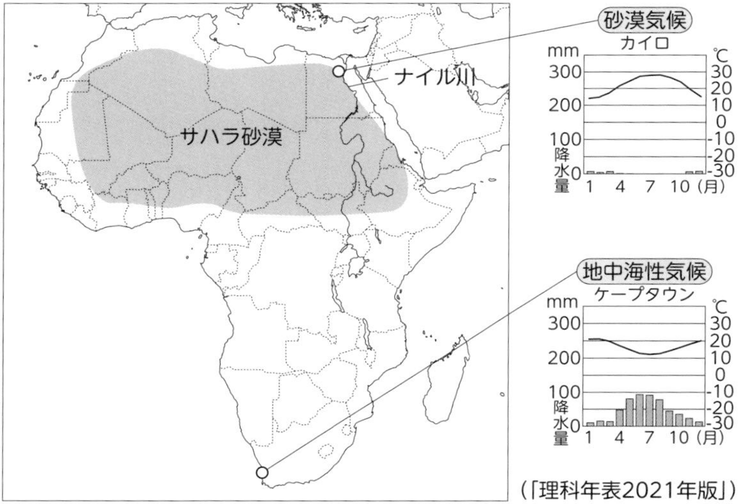

（「理科年表2021年版」）

□ サヘル …サハラ砂漠の南の著《いちじる》しく 砂漠化《さばくか》 が進んでいる地域。

❷ 歴史と文化

□16 世紀以降， 奴隷《どれい》 として多くの人々が南北 アメリカ 大陸に連れていかれた。

□19 世紀～ 20 世紀前半，多くがヨーロッパ諸国の 植民地《しょくみんち》 支配を受けた。第二次世界大戦後，独立が進み，特に多くの国が独立した 1960 年を アフリカの年 とよぶ。

アフリカに直線的な国境をもつ国が多いのは，植民地時代の境界を利用しているため。

□サハラ砂漠の北側では，主に**アラビア語**が話され，**イスラム教**を信仰《しんこう》している人が多い。南側では，植民地だった影響《えいきょう》で英語やフランス語などを**公用語《こうようご》**とし，**キリスト教**の信者も多い。

❸ 産業

□**モノカルチャー経済《けいざい》**…アフリカ州の多くの国でみられる，特定の農産物や鉱産物の輸出に頼《たよ》る経済。天候や国際価格に依存《いそん》するため，国の経済が不安定になりやすい。

▼かたよる輸出品

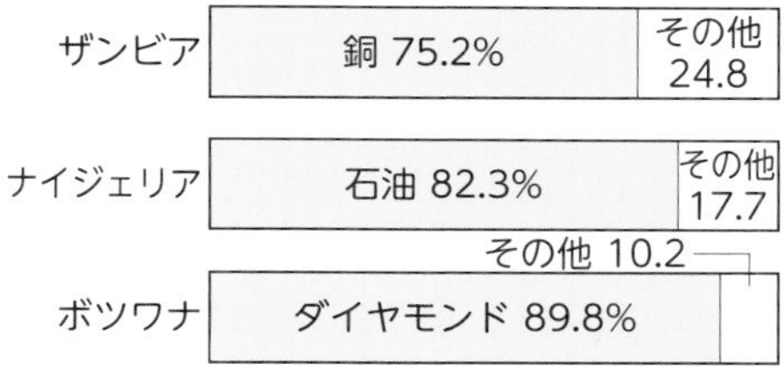

（「世界国勢図会2020/21年版」）

□植民地時代からの**プランテーション**で，輸出用の農産物を大規模に栽培《さいばい》。ギニア湾《わん》岸は世界有数の**カカオ豆**の生産地。

□砂漠の周辺では，草と水を求めて家畜《かちく》とともに移動する**遊牧《ゆうぼく》**が行われ，**オアシス**では小麦などを栽培。

□北部で石油，南部でコバルトやクロムといった希少金属（**レアメタル**）が多く産出。

▼カカオ豆の生産国

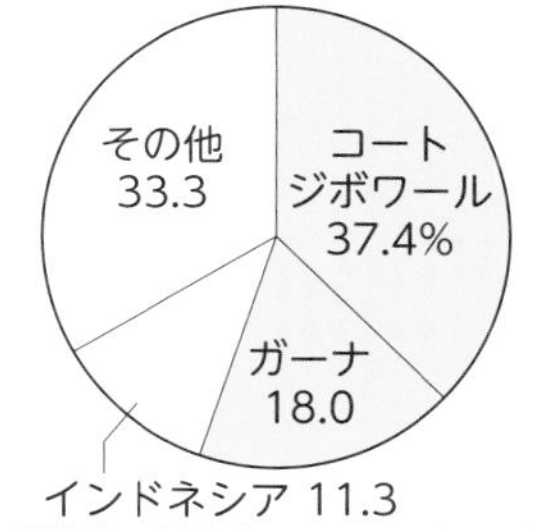

（「世界国勢図会2020/21年版」）

❹ 課題と取り組み

□**アフリカ連合《れんごう》（AU）**…アフリカの国々が政治的・経済的な発展をめざして結成。

□内戦や貧困《ひんこん》などの問題に対し，先進国や**非政府組織《ひせいふそしき》（NGO）**が支援《しえん》にあたっている。

8 北アメリカ州

❶ 自然環境

□地形と気候…北半球に広がっていることから，地域によって気候が大きく異なっている。

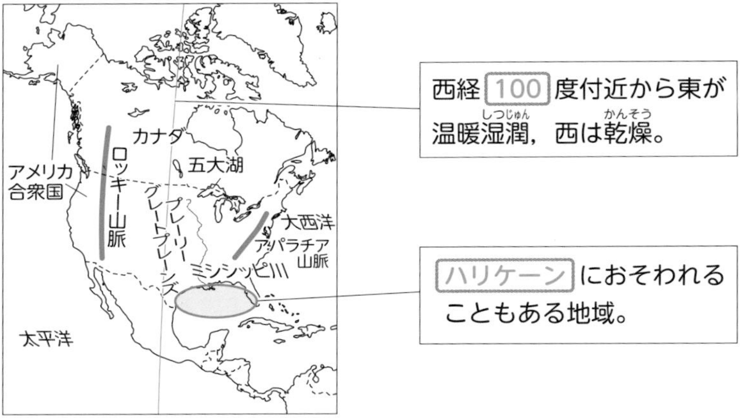

❷ 民族

□ヒスパニック…メキシコやカリブ海諸国からアメリカ合衆国に移住してくるスペイン語を話す人々。

▼アメリカ合衆国の人種・民族構成

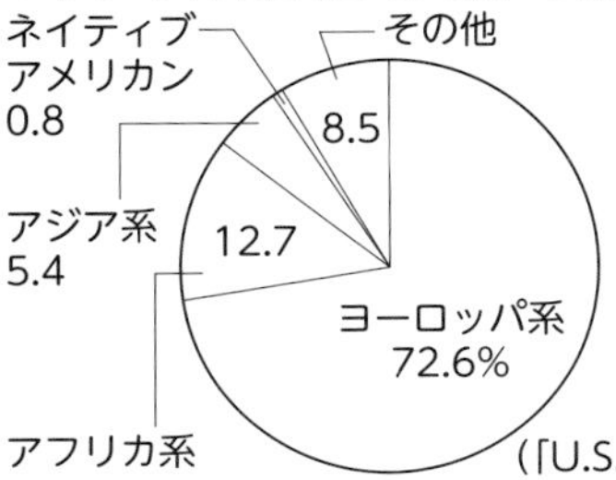

※総人口のうち
ヒスパニックは17.8%
(「U.S. Census Bureau」ほか)

ヒスパニックは南部の州に多い。

❸ 産業

□農業…地域の自然環境に合わせた適地適作《てきちてきさく》の農業。少ない労働力で収益《しゅうえき》を上げる企業的《きぎょうてき》な農業がさかん。

▼アメリカの農業地域

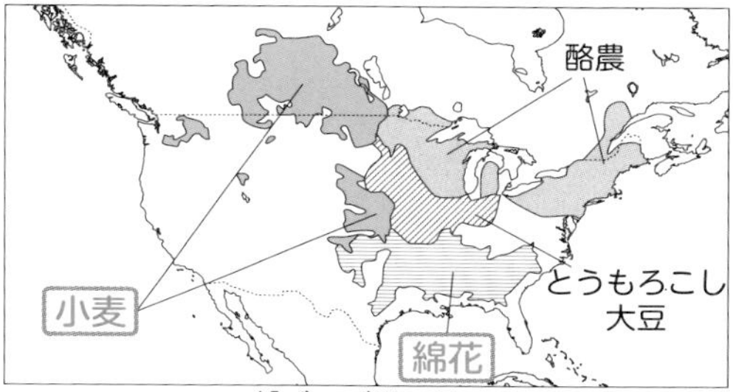

（「グーズ世界地図2017年版」ほか）

□工業…鉱産資源にめぐまれ，五大湖周辺のピッツバーグで鉄鋼業，デトロイトで自動車工業などが発展。20 世紀後半から，シリコンバレーや北緯《ほくい》37 度以南のサンベルトで情報通信技術（ＩＣＴ）産業や先端技術産業《せんたんぎじゅつさんぎょう》などが発達。

▼アメリカの工業地域

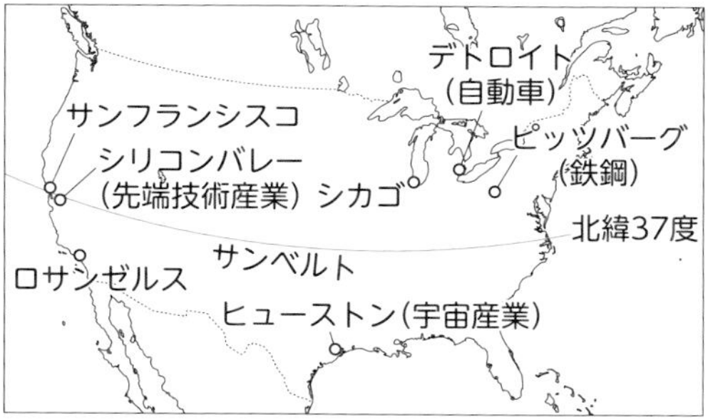

□アメリカ合衆国には，多くの国に工場や販売《はんばい》店をもつ多国籍《たこくせき》企業が多い。

❹ 結びつきと課題

□アメリカ合衆国とカナダ，メキシコは，経済的な結びつきを強めるため，1990 年代に北米自由貿易協定（NAFTA《ナフタ》）を結んだ。現在は，米国・メキシコ・カナダ協定（ＵＳＭＣＡ）に移行。

□大量生産・大量消費の社会の見直しが課題。

9 南アメリカ州

❶ 自然環境

□西部に険しい アンデス山脈 があり，高地は高山気候になっている。

□東部に世界最大の流域面積の アマゾン川 があり，流域は熱帯で，熱帯《ねったい》雨《う》林《りん》が広がる。

□アルゼンチンの ラプラタ川 流域の温帯の地域には，パンパ とよばれる草原が広がる。

❷ 歴史・文化

□15 世紀ごろ，アンデス山脈周辺で インカ帝国 が栄えた。

□16 世紀ごろ，スペインやポルトガルが進出して，多くの地域を 植民地 とした。

□アフリカから プランテーション で働かせる奴《ど》隷《れい》として多くの人が連れてこられた。

□ メスチソ …先住民とヨーロッパ系の混血の人々。

□ 日系人 …20 世紀に入って増えた日本人の移民の子孫。

▼南アメリカ州の人口と主な言語

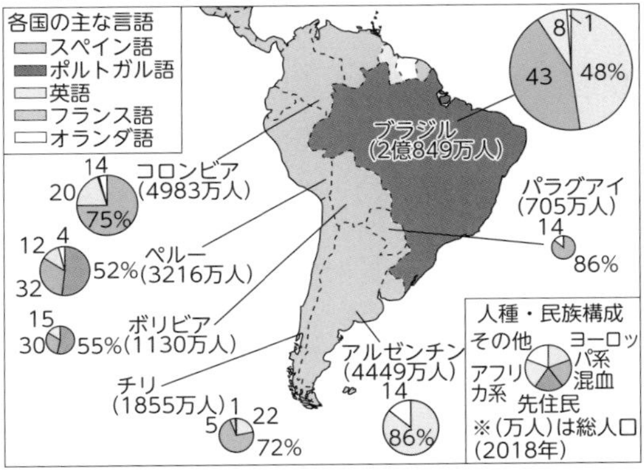

(「世界人口年鑑2018」ほか)

③ 産業

□アマゾン川流域では伝統的に焼畑農業が続けられてきた。

□近年，ブラジルはコーヒー豆やバイオ燃料《ねんりょう》（バイオエタノール）の原料になるさとうきびの栽培《さいばい》・輸出がさかん。

▼コーヒー豆とさとうきびの生産国

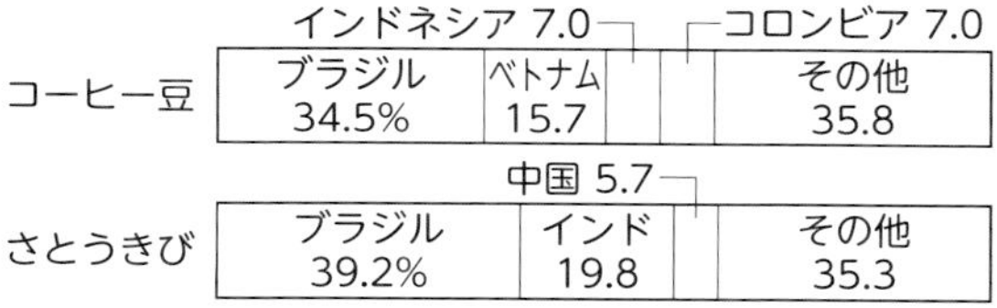

（「世界国勢図会2020/21年版」）

□アルゼンチンの草原であるパンパでは，小麦の栽培と牧畜《ぼくちく》がさかん。

□鉱産資源…ベネズエラやエクアドルは石油の産出がさかん。ブラジルの鉄鉱石，チリの銅なども産出量が多い。

▼南アメリカ州の国々の輸出品

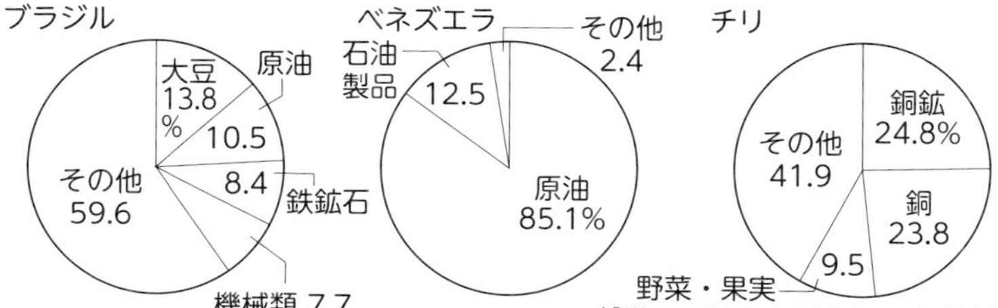

（「世界国勢図会2020/21年版」）

□BRICS《ブリックス》の一員であるブラジルは，急速に経済発展が進む。

④ 開発と環境保全

□ブラジルでは経済格差《けいざいかくさ》や都市のスラムが問題になっている。

□アマゾン川流域では，農地や牧場，鉄道建設などのための熱帯雨林の伐採《ばっさい》が続いている。

10 オセアニア州

❶ 自然環境

□オセアニア州は，オーストラリア大陸とミクロネシア，ポリネシア，メラネシアの太平洋の島々からなる。

▼オーストラリアの地形

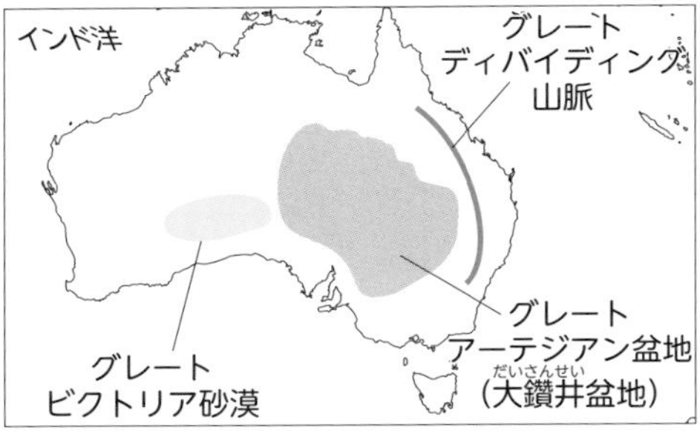

□地球温暖化の影響《えいきょう》で，さんご礁《しょう》でできた島々などで冠水《かんすい》や浸水《しんすい》の問題が発生している。

❷ 歴史・民族

□オーストラリアの先住民をアボリジニ，ニュージーランドの先住民をマオリという。

□白豪主義《はくごうしゅぎ》…オーストラリアでかつて行われていた，移民を制限する政策。現在は，多様な民族と文化を尊重する多文化社会《たぶんかしゃかい》をめざしている。

▼オーストラリアに暮らす移民の出身地の変化

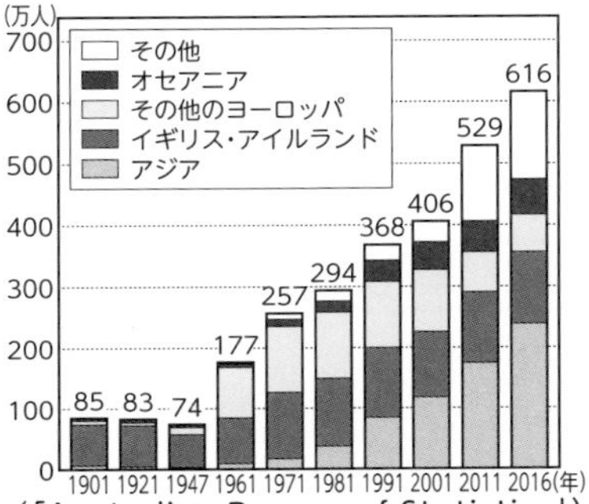

(「Australian Bureau of Statistics」)

❸ オーストラリアの産業

- □東部や南西部は，羊の放牧がさかんである。
- □北部から内陸部は肉牛の飼育が行われている。
- □南東部は人口が密集しており，酪農《らくのう》が行われている。

💡北半球の国々と季節が逆になるため，流通量が少ない時期に出荷できる。

- □オーストラリアの鉱工業…大規模な露天掘り《ろてんぼ》が行われている。

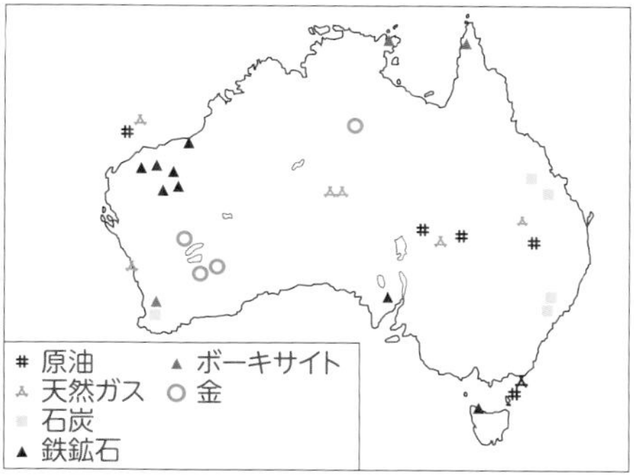

❹ オーストラリアと世界の結びつき

- □かつては，植民地支配していたイギリスをふくむヨーロッパとの結びつきが強かった。
  →現在はアジア諸国との結びつきが強い。
- □アジア太平洋地域が集まってアジア太平洋経済協力会議《たいへいようけいざいきょうりょくかいぎ》(APEC)《エイペック》を結成。

▼オーストラリアの貿易相手国の変化

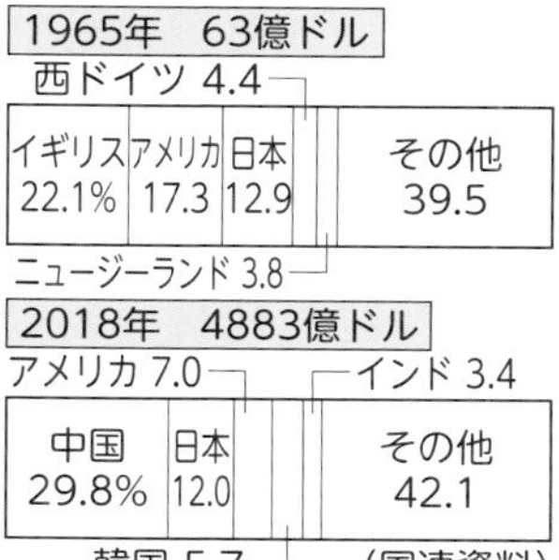

11 古代の世界

❶ 人類の出現

□ 猿人《えんじん》…約 700 ～ 600 万年前にアフリカに現れた最古の人類。

□ 原人《げんじん》…約 200 万年前に現れた。火や言葉を使用し，石を打ち欠いてつくった 打製石器《だせいせっき》 を用いた狩《か》りや採集をしていた。

□ 新人《しんじん》…約 20 万年前にあらわれた，現在の人類の直接の祖先。

□約 1 万年前に氷期が終わると，打製石器中心の 旧石器《きゅうせっき》 時代から 磨製《ませい》石器 中心の 新石器 時代になった。

❷ 古代文明のおこり

□古代文明

メソポタミア 文明…紀元前3500年ごろ。くさび形 文字，太陰《たいいん》 暦《れき》，60進法が使われ，バビロニアの王が ハンムラビ 法典を制定。

インダス 文明…紀元前2300年ごろ。インダス 文字が使われ，モヘンジョ・ダロ などの都市が発達。

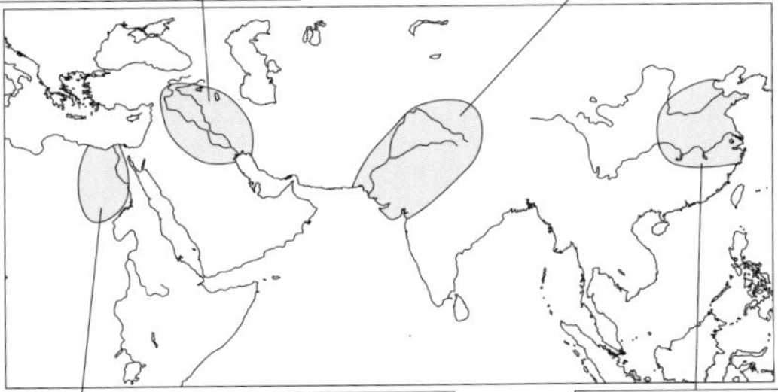

エジプト 文明…紀元前3100年ごろ。王の墓 ピラミッド を建設。太陽《たいよう》 暦《れき》，象形《しょうけい》 文字(神聖《しんせい》文字)が使われた。

中国 文明…黄河《こうが》《ホワンホー》・長《ちょう》《チャン》江《こう》《チアン》流域で農耕がさかんに行われ，都市が発達。

❸ 中国の古代文明

□殷《いん》…紀元前 16 世紀ごろ，黄河流域におこった。優れた青銅器や，漢字のもととなった甲骨《こうこつ》文字がつくられた。

□秦《しん》…紀元前 3 世紀，始皇帝《しこうてい》が中国を統一。遊牧民の侵入《しんにゅう》を防ぐ万里《ばんり》の長城《ちょうじょう》を築き，貨幣《かへい》や文字，はかりなどを統一した。

□漢《かん》…秦にかわって中国を統一。シルクロード（絹《きぬ》の道《みち》）が開かれ，西方との交易が行われた。

□儒学《じゅがく》（儒教《じゅきょう》）…紀元前 6 世紀ごろ，孔子《こうし》が説いた。

❹ ギリシャ・ローマの文明

□ギリシャ…紀元前 8 世紀ごろ，都市国家(ポリス)が成立。アテネでは，紀元前 5 世紀ごろ，成人男子による民会が開かれ，民主政が行われた。パルテノン神殿《しんでん》を建設。

□ローマ帝国《ていこく》…紀元前 6 世紀に王政を廃止《はいし》して共和政になったローマは，紀元前 1 世紀に地中海地域を統一し，皇帝《こうてい》が支配する帝政《ていせい》を行った。道路網《もう》を整備，水道や浴場・闘技場《とうぎじょう》を建設。

❺ 宗教のおこり

□宗教のおこった地域

キリスト教…紀元前後，イエスが説いた。

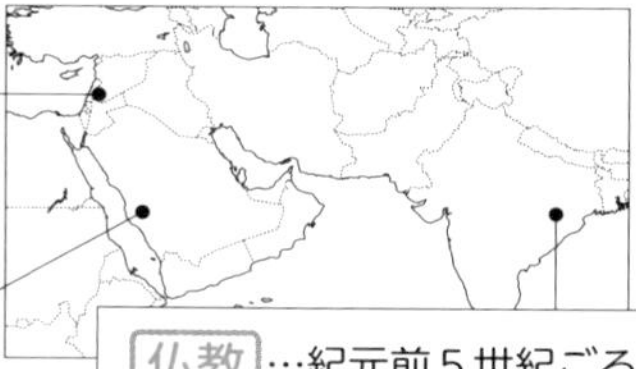

イスラム教…7世紀初め，ムハンマドが開いた。

仏教…紀元前5世紀ごろ，シャカが開いた。

キリスト教は 4 世紀末にローマ帝国の国教になり，以後，ヨーロッパで広く信仰《しんこう》された。

12 縄文時代，弥生時代，古墳時代

❶ 旧石器時代と縄文時代

□旧石器時代…ナウマンゾウなどの大型動物の狩《か》りや採集をしていた。岩宿《いわじゅく》遺跡《いせき》(群馬県)で打製石器が発見された。約1万年前に最後の氷期が終わり，日本列島が今の形になった。

□縄文《じょうもん》時代…1万数千年前から始まる。縄目《なわめ》文様のついた縄文土器を使用。たて穴住居で定住し，狩猟《しゅりょう》・採集中心の生活をしていた。祈《いの》りのために土偶《どぐう》を使用し，貝殻《かいがら》や魚の骨などは貝塚《かいづか》へ捨てた。三内丸山《さんないまるやま》遺跡(青森県)に縄文時代の生活のようすがみられる。

▼土偶

❷ 弥生時代

□縄文時代の終わりごろに稲作《いなさく》が伝わり，各地に広まった。

□薄手で赤褐色《せきかっしょく》の弥生《やよい》土器を使用し，高床倉庫《たかゆかそうこ》で稲《いね》を保管した。

稲作が広まり，貧富《ひんぷ》の差が生まれ，小さな国々ができた。

▼高床倉庫

□紀元前1世紀ごろ，倭《わ》(日本)には100余りの国があった。(「漢書《かんじょ》」地理志《ちりし》)

□57年，倭の奴国王《なこくおう》が後漢《ごかん》に使いを送り，「漢委奴国王《かんのわのなのこくおう》」と記された金印《きんいん》を授《さず》けられた。(「後漢書《ごかんじょ》」東夷伝《とういでん》)

□邪馬台国《やまたいこく》の成立…3世紀，倭には30余りの小国を従えた邪馬台国があった。邪馬台国の女王卑弥呼《ひみこ》が魏《ぎ》に使いを送り，「親《しん》魏倭王《ぎわおう》」の称号《しょうごう》と銅鏡100枚などを授けられた。(「魏志《ぎし》」倭人伝《わじんでん》)

③ 古墳時代

□**大和政権《やまとせいけん》(ヤマト王権《おうけん》)**…3世紀後半から，**大王《おおきみ》**を中心に，近《きん》畿《き》地方の有力な豪族《ごうぞく》が連合した勢力が出現した。

□**古墳《こふん》**…6世紀末ごろまでさかんにつくられた王や豪族の墓。

前方後円墳などの古墳の上やまわりには，人や動物などをかたどった土製品である**埴輪《はにわ》**が置かれた。

▼埴輪

▼前方後円墳

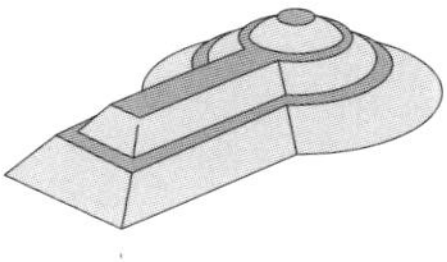

④ 大陸とのつながり

□大和政権(ヤマト王権)の大王は，地位を確立し，朝鮮《ちょうせん》半島の国々に対して有利な立場に立とうと，中国の南朝にたびたび使いを送った。

□大和政権は，百済《くだら》《ペクチェ》や南部の**伽耶《かや》**地域(任那《みまな》《にんな》)と結び，高句麗《こうくり》《コグリョ》や新羅《しらぎ》《シルラ》と戦った。

▼5世紀の東アジア

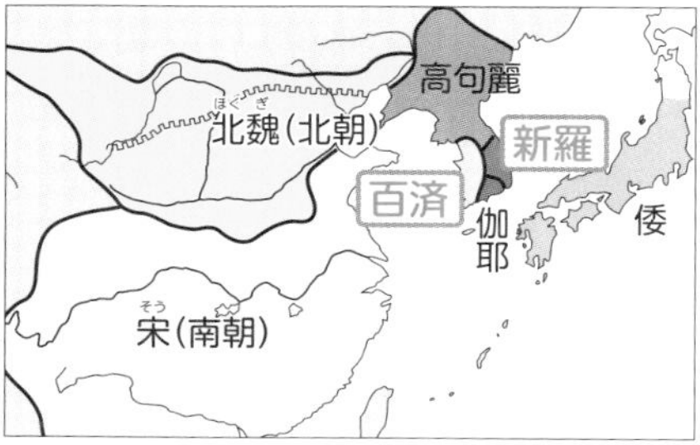

□**渡来人《とらいじん》**…朝鮮半島から日本に移り住んできた人々。日本に漢字や儒学《じゅがく》，仏教などのすぐれた学問や技術・文化を伝えた。大和政権(ヤマト王権)でも，書類の作成などで活躍《かつやく》した。

13 飛鳥時代

❶ 聖徳太子(厩戸皇子)の政治

□蘇我氏《そがし》の台頭…大和政権(ヤマト王権)内部で有力豪族《ごうぞく》の勢力争いが起こり，物部《もののべ》氏をほろぼし，権力をにぎった。

□聖徳太子《しょうとくたいし》(厩戸皇子《うまやどのおうじ》)…推古天皇《すいこてんのう》の摂政《せっしょう》となり，蘇我氏と協力し，天皇中心の政治のしくみをつくろうとした。

□聖徳太子の政治

冠位十二階《かんいじゅうにかい》の制度	家柄《いえがら》に関係なく，有能な人材を役人に登用しようとした。
十七条《じゅうしちじょう》の憲法《けんぽう》	仏教や儒学《じゅがく》の考え方を取り入れ，仏教の信《しん》仰《こう》や役人の心得《こころえ》を定めた。
遣隋使《けんずいし》	中国の隋の進んだ制度や文化を取り入れようと，小野妹子《おののいもこ》らを派遣《はけん》した。

❷ 飛鳥文化

□飛鳥《あすか》文化…飛鳥地方(奈良県)を中心に栄えた日本で最初の仏教文化。南北朝時代の中国，西アジア，インドの文化の影響《えいきょう》がみられる。現存する世界最古の木造建築である法隆寺《ほうりゅうじ》がつくられた。

❸ 東アジアの情勢

□7世紀初めに隋がほろび，唐《とう》が中国を統一。律令《りつりょう》というきまりで広大な国土を支配した。都の長安《ちょうあん》を中心に国際色豊かな文化が栄えた。

▼7世紀半ばの東アジア

❹ 大化の改新

□大化《たいか》の改新《かいしん》…645 年，中大兄皇子《なかのおおえのおうじ》・中臣鎌足《なかとみのかまたり》らが蘇我氏をほろぼして，天皇中心の政治をめざして始めた政治改革。

□豪族が支配していた土地と人民を国家が直接支配する公地《こうち》・公民《こうみん》の方針を示す。

❺ 律令国家への歩み

□白村江の戦い…663 年，日本は，百済の復興を助けようと出兵したが，唐・新羅の連合軍に敗北した。

□中大兄皇子は，即位して天智天皇《てんじてんのう》となり，初めて全国の戸籍《こせき》を作成し，天皇中心の政治改革を進めた。

□天智天皇のあとつぎをめぐる戦いを壬申《じんしん》の乱《らん》という。勝利した大海人皇子《おおあまのおうじ》は，即位して天武天皇《てんむてんのう》となった。

天武天皇の死後，即位した持統《じとう》天皇は，日本で最初の本格的な都である藤原京《ふじわらきょう》をつくった。

❻ 律令国家の成立

□701 年，唐の律令にならって，大宝《たいほう》律令が制定された。

□地方に置かれた国には，中央から国司《こくし》が派遣され，郡《ぐん》や里《り》には，地方の豪族が郡司《ぐんじ》や里長《りちょう》《さとおさ》に任命された。

▼律令による役所のしくみ

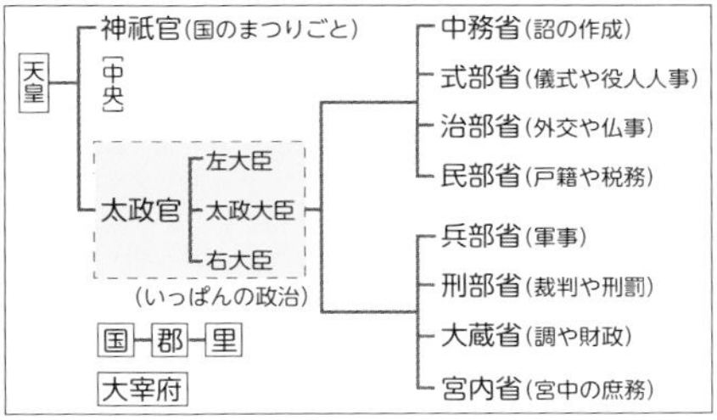

14 奈良時代

❶ 平城京

□平城京《へいじょうきょう》…710 年，唐《とう》の長安《ちょうあん》にならって奈良につくられた都。

□都の中には，東西二つの市《いち》が設けられ，都に送られてきた各地の産物などが売買された。和同開珎《わどうかいちん》などの貨幣《かへい》も発行された。

❷ 奈良時代の人々の暮らし

□戸籍《こせき》…6 年ごとにつくられ，人々が登録された。

□班田収授法《はんでんしゅうじゅのほう》…戸籍に登録された 6 歳《さい》以上のすべての人々に口分田《くぶんでん》が与えられ，その人が死ぬと国に返された。

□人々の負担

租《そ》	収穫量《しゅうかく》の約 3 %の稲《いね》を納める。
調《ちょう》	地方の特産物などを納める。
庸《よう》	年に 10 日の労役《ろうえき》のかわりに布を納める。
雑徭《ぞうよう》	年間 60 日までの地方での労役。
兵役	都で 1 年間の兵役，または防人《さきもり》として 3 年間九州の防備。

重い負担から逃《のが》れるため，戸籍の性別や年齢《ねんれい》をいつわったり，逃亡《とうぼう》したりする人もいた。

□人口の増加や自然災害で口分田が不足するようになると，新しく開墾《かいこん》した土地を，開墾した者が永久に所有することを認める墾田永年私財法《こんでんえいねんしざいのほう》が出された。

→貴族や寺社による私有地(のちの荘園《しょうえん》)が増大し，公地・公民の原則が崩壊《ほうかい》した。

❸ 天平文化

□天平《てんぴょう》文化…聖武《しょうむ》天皇のころに栄えた，唐の文化と仏教の影響《えいきょう》を強く受けた国際色豊かな文化。

□遣唐使《けんとうし》…唐の制度や文化を取り入れるために派遣《はけん》された使節。

▼８世紀ごろの世界

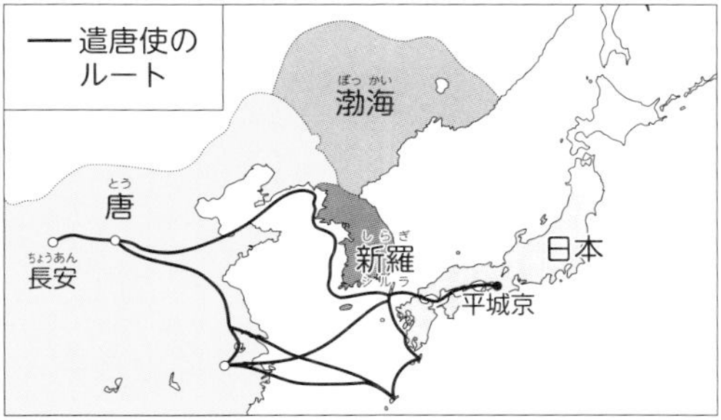

□東大寺《とうだいじ》の正倉院《しょうそういん》…校倉造《あぜくらづくり》でつくられ，遣唐使がもち帰った西アジアやインドの道具や楽器などが納められていた。

□鑑真《がんじん》…来日した唐の僧《そう》で，唐招提寺《とうしょうだいじ》を建てた。

□聖武天皇は，仏教の力で国を守ろうと，国ごとに国分寺《こくぶんじ》，国《こく》分尼寺《ぶんにじ》を建てた。都には東大寺を建て，大仏をつくらせた。

💡大仏の建立には，民間で布教活動を行っていた行基《ぎょうき》の協力があった。

□奈良時代の書物

歴史書	「古事記《こじき》」 「日本書紀《にほんしょき》」	神話や伝承，記録などをもとにつくられている。
地理書	「風土記《ふどき》」	地方の自然や産物，伝承などを記している。
和歌集	「万葉集《まんようしゅう》」	天皇や貴族をはじめ，防人や農民の歌も収められ，万葉仮名《まんようがな》で書かれている。

15 平安時代①

❶ 平安京

□平安京《へいあんきょう》…奈良時代後半，政治が乱れたことから，桓武《かんむ》天皇は，政治を立て直すために，都を長岡京《ながおかきょう》へ移した。さらに 794 年に，平安京に都を移した。

□東北の支配…坂上田村麻呂《さかのうえのたむらまろ》が征夷大将軍《せいいたいしょうぐん》に任命され，東北地方へ派遣《はけん》された。蝦夷《えみし》の抵抗《ていこう》をおさえ，朝廷《ちょうてい》の勢力範囲《はんい》を広げた。

□平安初期の仏教…唐《とう》に渡《わた》った最澄《さいちょう》と空海《くうかい》が仏教の新しい宗派を伝えた。

	宗派名	寺院名
最澄	天台宗《てんだいしゅう》	比叡山《ひえいざん》延暦寺《えんりゃくじ》(滋賀《しが》県)
空海	真言宗《しんごんしゅう》	高野山《こうやさん》金剛峯寺《こんごうぶじ》(和歌山《わかやま》県)

❷ 摂関政治

□平安時代，娘を天皇のきさきにし，その子を天皇にたてることで藤原《ふじわら》氏が政治権力をもつようになった。

□藤原氏は，9 世紀後半ごろから，天皇が幼いときは摂政《せっしょう》，成長してからは関白《かんぱく》という役職につき，政治を動かした。このような政治を摂関政治《せっかんせいじ》という。

□摂関政治は，11 世紀前半の藤《ふじ》原《わらの》道長《みちなが》・頼通《よりみち》のころが全盛期。

□地方政治の乱れ…不正な税の取り立てで自分の財産を増やす国司《こくし》が多くなった。

▼道長がよんだ歌

> この世をばわが世とぞ思う
> 望月の欠けたることもなし
> と思えば

③ 東アジアの変化

□中国では，9世紀には唐がおとろえ，894年，菅原道真《すがわらのみちざね》の提案で遣唐使《けんとうし》の派遣が停止された。

□10世紀初めに唐がほろび，宋《そう》が中国を統一。

→正式な国交は結ばなかったが，日宋《にっそう》貿易が行われた。

□朝鮮半島では，高麗《こうらい》《コリョ》がおこり，新羅《しらぎ》《シルラ》をほろぼした。

④ 国風文化

□国風文化…唐の文化を基礎にしながら，日本の風土や生活に合った特徴《とくちょう》をもつ文化。

□仮名《かな》文字の誕生…漢字を変形させてできた文字。

▼仮名文字

▼文学作品

「古今和歌集《こきんわかしゅう》」	紀貫之《きのつらゆき》らがまとめた和歌集。
「源氏物語《げんじものがたり》」	紫式部《むらさきしきぶ》が書いた長編小説。
「枕草子《まくらのそうし》」	清少納言《せいしょうなごん》が書いた随筆《ずいひつ》。

国風文化は，摂関政治のころに最も栄えた。

□大和絵《やまとえ》…日本の風物を描《えが》いた日本独自の絵画。

□貴族の暮らし…広い庭や池を備えた寝殿造《しんでんづくり》とよばれる住宅に住み，季節にあわせた年中行事《ねんじゅうぎょうじ》を行った。

□浄土信仰《じょうどしんこう》(浄土の教え)…10世紀半ばに人々の間に広まった，阿《あ》弥陀仏《みだぶつ》にすがって，死後に極楽浄土《ごくらくじょうど》へ生まれ変わることを願う信仰。

→宇治《うじ》(京都府)に，藤原頼通が平等院鳳凰堂《びょうどういんほうおうどう》を建てた。

16 平安時代②

❶ 武士のおこりと勢力の拡大

□ 武士《ぶし》…10 世紀ごろから生まれた，自分たちの土地を守るために武装《ぶそう》し，戦いの技術を身につけた人々。一族や家来《けらい》を従えて武士団《ぶしだん》にまで成長した。

□武士団の中でも，天皇《てんのう》の子孫である 源氏《げんじ》 と 平氏《へいし》 が勢力をのばした。

□武士の反乱…10 世紀中ごろ，関東地方で 平将門《たいらのまさかど》 が，瀬戸内海《せとないかい》沿岸で 藤原純友《ふじわらのすみとも》 が海賊《かいぞく》を率いてそれぞれ反乱を起こした。
→地方の武士の力を借りた朝廷《ちょうてい》が，これをしずめた。

□東北地方の争乱…11 世紀後半におこった，前九年合戦《ぜんくねんかっせん》，後三年《ごさんねん》合戦を 源義家《みなもとのよしいえ》 らがしずめた。

□奥州《おうしゅう》藤原氏…前九年合戦・後三年合戦のあと， 平泉《ひらいずみ》 (岩手県)を中心に勢力を広げた。

▼戦乱の起きた場所

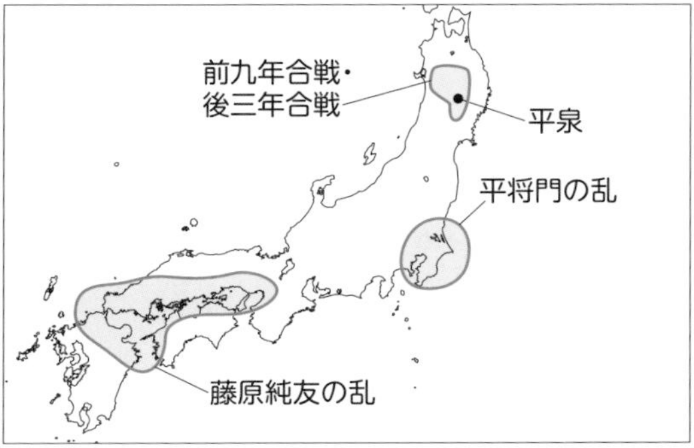

源氏は東日本で，平氏は西日本で勢力をのばした。

❷ 院政と武士の成長

□院政《いんせい》…天皇が位を譲《ゆず》って上皇《じょうこう》となったのちも，政治を行うこと。1086 年，白河上皇《しらかわじょうこう》が初めて行った。

□保元《ほうげん》の乱…後白河《ごしらかわ》天皇が，源義朝《みなもとのよしとも》や平清盛《たいらのきよもり》といった武士の協力を得て勝利した戦い。

□平治《へいじ》の乱…平清盛が源義朝を破った戦い。この戦いのあと，平氏が力をもつようになった。

❸ 平氏政権と源平の争乱

□平治の乱に勝利した平清盛は，武士として初めて太政大臣《だいじょうだいじん》になった。

□清盛は，兵庫《ひょうご》の港(大輪田泊《おおわだのとまり》)を整備し，日宋《にっそう》貿易を進めた。また，娘を天皇のきさきにし，その子を天皇にして権力をにぎった。

□平氏が多くの荘園《しょうえん》を手に入れ，朝廷の政治を動かしたため，貴族や寺社，地方武士の反発が高まったことを受けて，源頼朝《みなもとのよりとも》らが兵をあげた。

□源平《げんぺい》の争乱…平氏は 1185 年，壇ノ浦《だんのうら》の戦い(山口県)でほろんだ。

▼源平の争乱

社会

17 鎌倉時代①

❶ 鎌倉幕府の成立

□平氏をほろぼした 1185 年，源《みなもとの》 頼朝《よりとも》は国ごとに**守護《しゅご》**，荘園《しょうえん》や公領《こうりょう》ごとに**地頭《じとう》**を置くことを朝廷《ちょうてい》に認めさせた。

□頼朝は，対立した源義経《よしつね》をかくまった**奥州藤原氏《おうしゅうふじわらし》**と義経をほろぼし，東日本を支配下に置いた。

□1192 年，頼朝は**征夷大将軍《せいいたいしょうぐん》**となり，主従関係により結ばれた配下の武士は，**御家人《ごけにん》**とよばれた。

□頼朝が開いた幕府《ばくふ》を**鎌倉《かまくら》幕府**という。

▼将軍と御家人の関係

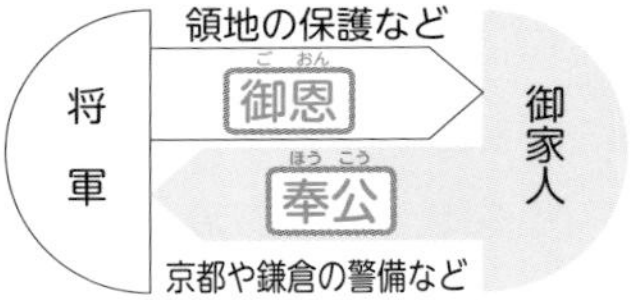

❷ 執権政治

□**執権《しっけん》政治**…頼朝の死後，**北条氏《ほうじょうし》**が**執権**となり行った政治。

□**承久《じょうきゅう》の乱《らん》**…朝廷の勢力を回復しようと，1221 年，**後鳥羽上皇《ごとばじょうこう》**が挙兵したが，幕府軍に敗れた。

□承久の乱後，幕府は京都に**六波羅探題《ろくはらたんだい》**を設置し，朝廷を監《かん》視《し》した。

□**御成敗式目《ごせいばいしきもく》(貞永《じょうえい》式目)**…1232 年，執権の**北条泰時《やすとき》**が武士の慣習をまとめて制定した武家法。

▼御成敗式目(一部)

> 一　武士が 20 年の間，実際に土地を支配しているならば，頼朝公のころに従って，その土地の支配を認める。
>
> 一　女性が養子を迎《むか》えることは，律令《りつりょう》では許されないが，頼朝公のころから今日まで，子のいない女性が土地を養子に譲《ゆず》ることは武家社会のしきたりとしてかぞえきれないほどある。

❸ 武士の生活と産業の発達

武士の生活	産業の発達
・有力な武士は，荘園や公領で地頭として権利を強めた。 →領主としばしば対立。 ・分割相続《ぶんかつそうぞく》が行われた。	・同じ田畑で米と麦をつくる二毛作《にもうさく》が始まった。 ・寺社の門前や交通の要地では，定期市《ていきいち》が開かれた。

❹ 鎌倉時代の文化と仏教

□鎌倉文化…素朴《そぼく》で力強さを好む武士の気風を反映した文化。

和歌集	「新古今和歌集《しんこきんわかしゅう》」	後鳥羽上皇の命で編集された。
軍記物	「平家物語《へいけものがたり》」	源平の争乱を描いた。
随筆	「徒然草《つれづれぐさ》」	兼好法師《けんこうほうし》が著《あらわ》した。
建築	東大寺南大門《とうだいじなんだいもん》	宋《そう》の建築様式。
彫刻	金剛力士像《こんごうりきしぞう》	運慶《うんけい》らの作。

□民衆や武士の間にわかりやすい，新しい仏教がおこった。

<table>
<tr><td colspan="2">浄土宗《じょうどしゅう》</td><td>法然《ほうねん》</td><td>念仏《ねんぶつ》を唱えれば極楽浄土《ごくらくじょうど》に生まれ変われると説いた。</td></tr>
<tr><td colspan="2">浄土真宗《じょうどしんしゅう》</td><td>親鸞《しんらん》</td><td>悪人こそ救われると説いた。</td></tr>
<tr><td colspan="2">時宗《じしゅう》</td><td>一遍《いっぺん》</td><td>踊念仏《おどりねんぶつ》で教えを広めた。</td></tr>
<tr><td colspan="2">日蓮宗《にちれんしゅう》</td><td>日蓮</td><td>題目《だいもく》を唱えれば人も国も救われると説いた。</td></tr>
<tr><td rowspan="2">禅宗《ぜんしゅう》</td><td>臨済宗《りんざいしゅう》</td><td>栄西《ようさい》《えいさい》</td><td rowspan="2">座禅《ざぜん》によってさとりを開こうとするもの。武士の間に広まった。</td></tr>
<tr><td>曹洞宗《そうとうしゅう》</td><td>道元《どうげん》</td></tr>
</table>

18 鎌倉時代②，南北朝時代

❶ モンゴル帝国

□モンゴル帝国《ていこく》…13 世紀初め，チンギス・ハンがモンゴル高原の遊牧民を統一して建国。→子孫は東ヨーロッパまで領土を拡大。

□13 世紀半ば，孫のフビライ・ハンが国号を元《げん》と改め，高麗《こうらい》《コリョ》を従えた後，宋《そう》をほろぼした。

▼モンゴル帝国の拡大

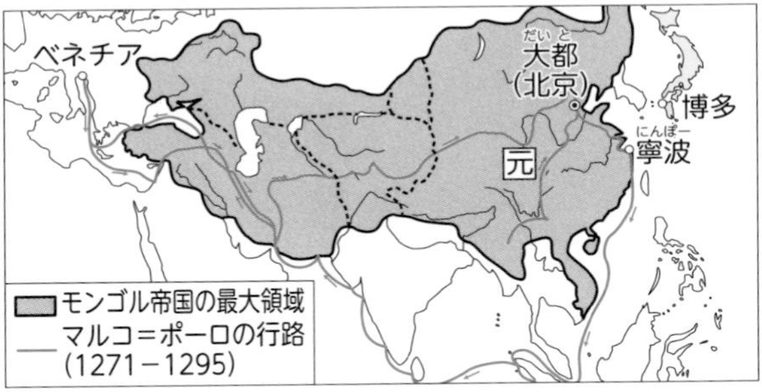

フビライに仕えたマルコ・ポーロは，日本を「黄金の国ジパング」としてヨーロッパに伝えた。

❷ モンゴルの襲来(元寇)

□元寇《げんこう》…元軍が二度にわたって北九州に攻《せ》めてきたこと。

□フビライが服属を求めて日本に使者を送るも，執権《しっけん》の北条時宗《ほうじょうときむね》が拒否《きょひ》した。

□文永《ぶんえい》の役《えき》…1274 年の 1 回目の襲来《しゅうらい》。元軍の集団戦法や火薬兵器の使用に幕府《ばくふ》軍は苦戦した。

▼元軍との戦い

□弘安《こうあん》の役《えき》…1281 年の 2 回目の襲来。海岸に築いた防塁《ぼうるい》や御家《ごけ》人《にん》の活躍《かつやく》で，元軍は上陸できず，暴風雨で撤退《てったい》した。

❸ 鎌倉幕府のおとろえと滅亡

□御家人の生活苦…元寇後，十分な恩賞を受けられず，また，土地の分割相続《ぶんかつそうぞく》によって領地が小さくなった御家人の中には，生活に困り，土地を手放す者も出てきた。

→幕府は，御家人の借金を帳消しにする徳政令《とくせいれい》を出したが，一時的な効果しかなく，かえって経済が混乱して，御家人の幕府への反感が強まった。

□悪党《あくとう》の出現…経済が発展した近畿《きんき》地方を中心に現れた，荘園《しょうえん》の領主や幕府の命令に従わない武士。

□鎌倉《かまくら》幕府の滅亡《めつぼう》…後醍醐天皇《ごだいごてんのう》が政治の実権を朝廷《ちょうてい》に取りもどそうと挙兵。楠木正成《くすのきまさしげ》や足利尊氏《あしかがたかうじ》，新田義貞《にったよしさだ》らの協力を得て，1333 年，鎌倉幕府を倒《たお》した。

❹ 建武の新政と南北朝の争乱

□建武《けんむ》の新政《しんせい》…後醍醐天皇が始めた天皇中心の政治。

→武士の政治を否定し，貴族重視の政治だったため，武士の不満が高まった。足利尊氏の挙兵により，2 年ほどで倒れた。

□尊氏は，京都に新しく別の天皇をたて(北朝《ほくちょう》)，後醍醐天皇は吉野《よしの》(奈良県)に逃《のが》れた(南朝《なんちょう》)。2 つの朝廷があった時代を南北朝時代《なんぼくちょう》という。

□1338 年，尊氏は征夷大将軍《せいいたいしょうぐん》に任命されて京都に室町《むろまち》幕府を開いた。

□守護大名《しゅごだいみょう》…領国内の武士たちをまとめて守護から成長。一国を支配するようになった。

▼南北朝の位置

19 室町時代①

❶ 室町幕府

□南北朝《なんぼくちょう》の統一…1392 年，３代将軍足利義満《あしかがよしみつ》が内乱を終わらせた。

□室町幕府《むろまちばくふ》のしくみ…全国を支配した。

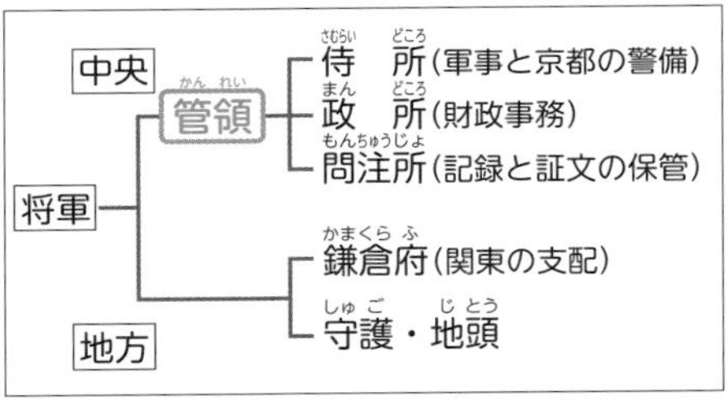

力をもつ守護が成長して，守護大名となった。

❷ 東アジアとの交流

▼15 世紀ごろの東アジア

□倭寇《わこう》…14 ～ 16 世紀，朝鮮《ちょうせん》半島や中国沿岸をあらして海賊行為《かいぞくこうい》をはたらいた人々。

□日明《にちみん》貿易(勘合《かんごう》貿易)…明の求めに応じて倭寇を禁じ，勘合という証明書を用いて行った。

□朝鮮半島では，14 世紀末，李成桂《りせいけい》が高麗《こうらい》《コリョ》をほろぼし，朝鮮国を建国。日本と貿易を開始した。

□15 世紀，尚氏《しょうし》が沖縄《おきなわ》島を統一して琉球王国《りゅうきゅうおうこく》を建国。中継《なかつぎ》貿易で栄えた。

□アイヌ民族…古くから蝦夷地《えぞち》(北海道)に住んでいた日本の先住民族。和人(本州の人々)と交易をしていたが，15 世紀中ごろに衝突《しょうとつ》が発生した。

□明・朝鮮との貿易品

	日本の主な輸出品	日本の主な輸入品
明	刀・銅《どう》・硫黄《いおう》・漆器《しっき》	銅銭《どうせん》・生糸・絹織物
朝鮮	銅・硫黄	綿織物《めんおりもの》・経典《きょうてん》

❸ 産業の発達

□各地で産業が発達した。

農業	二毛作《にもうさく》が広がった。 かんがい用の水車《すいしゃ》や堆肥《たいひ》を使用。 麻《あさ》・藍《あい》などの商品作物《しょうひんさくもつ》を栽培《さいばい》。
手工業	陶器《とうき》，紙，酒，油などの特産品が各地で生まれた。
商業	定期市《ていきいち》の開催《かいさい》日数が増え，宋銭・明銭が使われた。 馬借《ばしゃく》や問《とい》(問丸《といまる》)が活動。 商人は同業者団体の座《ざ》をつくり，営業を独占した。

❹ 都市と農村

□都市の発達…京都では町衆《ちょうしゅう》《まち》により，また，博多や堺《さかい》でも自治が行われた。

□村では，自治組織の惣《そう》がつくられ，村のおきてが定められた。
→団結を強めた農民は，土倉や酒屋を襲《おそ》って借金の帳消しを求める土一揆《つちいっき》《ど》を起こすようになった。

最初の土一揆は，1428 年の正長《しょうちょう》の土一揆。

20 室町時代②

① 応仁の乱と戦国時代

□応仁《おうにん》の乱《らん》(1467 ~ 1477 年)…８代将軍足利義政《あしかがよしまさ》のあとつぎ問題に，有力守護大名の勢力争いがからんで起こった戦乱。

□応仁の乱後，各地で自治が進んだ。

山城国《やましろのくに》一揆《いっき》	1485 年，守護大名を追い払い８年間自治を行った。
加賀《かが》の一向一揆《いっこういっき》	1488 年～。浄土真宗《じょうどしんしゅう》（一向宗《いっこうしゅう》）の信仰《しんこう》で結びついた武士や農民が守護大名を倒《たお》して，100 年間自治を行った。

堺《さかい》では，会合衆《えごうしゅう》とよばれる有力商人らによる自治が行われた。

□応仁の乱の結果，将軍の権威《けんい》がおとろえ，身分が下の者が上の者に実力でとってかわる下剋上《げこくじょう》の風潮が各地で広まった。

→こうした風潮の中で実力をつけ，一国の支配者となった者を戦国大名《せんごくだいみょう》という。また，この時代を戦国時代という。

□戦国大名の支配

城下町《じょうかまち》	城の周辺に家臣や商工業者を集めて形成された。
分国法《ぶんこくほう》	領国《りょうごく》内の人々を統制《とうせい》するための独自の法。
領国の整備	大規模な治水《ちすい》や鉱山の開発，交通路の整備など。

▼分国法の例

一　けんかをした者は，どのような理由であれ，処罰《しょばつ》する。

（甲州法度之次第）

石見銀山《いわみぎんざん》などの日本の銀は，当時の世界の流通量の約３分の１を占《し》めた。

▼おもな戦国大名

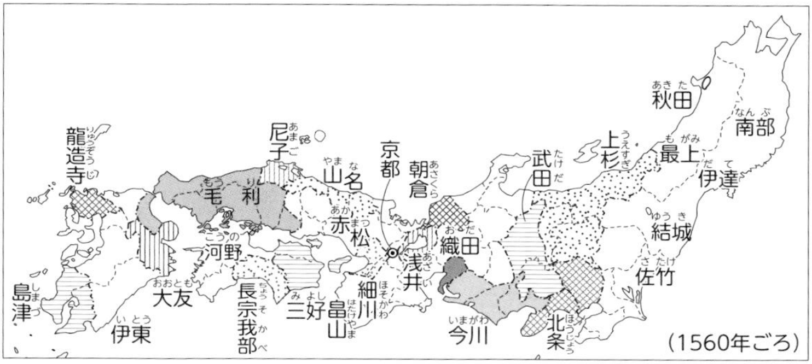

❷ 室町文化

特徴	具体例
北山文化《きたやまぶんか》 (室町時代前期)	・足利義満《あしかがよしみつ》の建てた金閣《きんかく》。 ・観阿弥《かんあみ》・世阿弥《ぜあみ》親子が能《のう》を大成。
東山文化《ひがしやまぶんか》 (室町時代後期)	・足利義政の建てた銀閣《ぎんかく》。 ・書院造《しょいんづくり》の建物。生け花，茶の湯。 ・雪舟《せっしゅう》は日本風の水墨画《すいぼくが》を大成。
新しい文化	・複数の人が和歌をつないでいく連歌《れんが》。 ・能の合間に演じられる狂言《きょうげん》。 ・絵入りの物語の御伽草子《おとぎぞうし》。

▼金閣

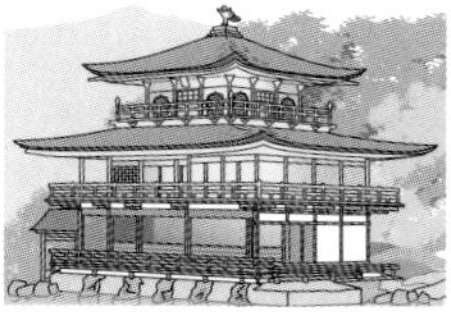

▼銀閣

▼書院造

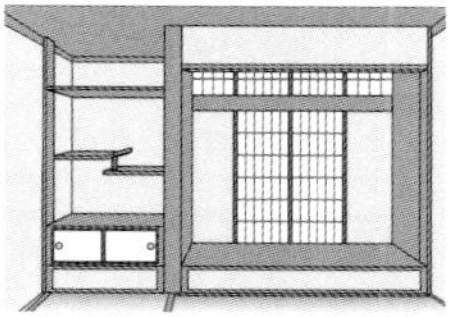

+α 身近な地域の調べ方

❶ 調査の準備

□地域をながめ，どのような特色や変化があるか情報を収集する。

□集めた情報の中から，調査するテーマを自然環境《かんきょう》，人口，産業，他地域との関係などの視点から選んで決める。

□決めたテーマに，「～だから～だろう」といった仮説を立てる。

□仮説を検証するため，「何を，いつ，どこで，どのように」調査するか，調査方法を考えるなど，調査計画を立てる。

❷ 実際の調査

□調査計画にしたがい，土地利用などに注意して野外調査（フィールドワーク）をする。

□文献《ぶんけん》や統計資料からわからない内容について，聞き取り調査をする。その際，調査目的や調査内容を訪問先に事前に連絡《れんらく》し許可を得る。

□文献や統計，地図，写真などの資料を使って調査する。

❸ 調査のまとめ

□調査内容を地図や図表を使ってまとめる。

地図	ドットマップ（分布の度合いを表す），階級区分図（地域差を表す），図形表現図（分布と地域差を表す），流線図（他地域との結びつきを表す）　など
図表	棒グラフ（数や量を比べるとき），折れ線グラフ（変化を表すとき），帯グラフ・円グラフ（割合を表すとき）　など

❹ 調査結果の発表

□発表内容をレポートなどにまとめて，発表する。

+α 故事成語

故事成語は、主に中国の故事に由来してできた言葉のこと。

※代表的な故事成語の意味

□**矛盾**《むじゅん》…つじつまが合わないこと。

「矛盾」の由来

出典は『韓非子《かんぴし》』。楚《そ》の国で盾《たて》と矛《ほこ》を売っている者が、「自分の盾はどんなものも突《つ》き破らない」、「自分の矛はどんなものでも突き破る」と宣伝していた。それに対して、ある人が、「あなたの矛であなたの盾を突くとどうなるのか」と尋《たず》ねたところ、盾と矛を売る者は答えることができなかった。

□**五十歩百歩**《ごじっぽひゃっぽ》…少しの違《ちが》いはあっても本質的には同じであること。

□**蛇足**《だそく》…あってもむだになる余計なもの。なくてもよいもの。

□**四面楚歌**《しめんそか》…四方を敵に囲まれて、孤立《こりつ》すること。

□**漁夫**《ぎょふ》**の利**…双方《そうほう》が争っているうちに第三者が利益を横取りすること。

□**推敲**《すいこう》…詩や作文の字や言葉遣《づか》いを何度も練り直すこと。

□**杞憂**《きゆう》…将来のことについて、必要のない心配をすること。

❷ 白文・訓読文・書き下し文

□漢文は、古い中国の文法で書かれた文章や、それをまねて書かれた文章のこと。

・白文…漢字のみの、原文そのままの漢文。 例 習之。

・訓読文…訓点をつけて読み方を示した文。 例 習フレ之《これ》ヲ。

・書き下し文…訓点に従って漢字かな交じりで書き改めた文。 例 之を習ふ。

・漢文を日本語として読むことを訓読という。訓読するための返り点や送りがななどの記号や文字を合わせて訓点という。

❸ 返り点

□次の各訓読文を、訓点に従って書き下し文にしなさい。

(1) 読ムレ書ヲ不《ず》レ破ラレ費ヲ。　書を読むに費を破らず。

(2) 灯下ニ尋《たず》ネヨ二書義ヲ一。　灯下に書義を尋ねよ。

(3) 宋《そう》人《ひと》ニ有リ二耕スレ田ヲ者一。　宋人に田を耕す者有り。

・レ点…「下の字からすぐ上の字に」返って読む。　2レ 1 3 5レ 4

・一・二点…「二字以上、上の字に」返って読む。　1 5二 2 3 4一

・上・下点…「一・二点のついた句をはさんで」返って読む。　6下 1 4二 2 3一 5上

国語

11 古文・漢文

❶ 歴史的かな遣い

□次の各文の——線部の歴史的かな遣《づか》いで書かれた語を、現代かな遣いに直し、ひらがなで答えなさい。

(1) 今ひとへまさりて　ひとえ

(2) 奇怪《きくわい》なり　きかいなり

(3) かうぶり賜《たまは》る　こうぶり

(4) 久しうして　ひさしゅう

(5) 盗人《ぬすつと》うちうなづゐて　うちうなずいて

(6) 言ひていはく　いいていわく

古文特有のかな遣いを 歴史的かな遣い といい、次のような点に注意して読む必要がある。

- 語中・語尾《ごび》の「は・ひ・ふ・へ・ほ」は「わ・い・う・え・お」と読む。例 あはれ→あわれ
- 「ぢ・づ」は「じ・ず」と読む。例 うぢ(氏)→うじ　まづ(先づ)→まず
- 「ゐ・ゑ・を」は「い・え・お」と読む。例 ゐる(居る)→いる　をかし→おかし
- 「くわ・ぐわ」は「か・が」と読む。例 くわげつ(花月)→かげつ　ぐわん(願)→がん
- 「au」は「ô」、「iu」は「yû」、「eu」は「yô」と読む。

例 まう《mau》け(設け)→もう《mô》け　しう《siu》いつ(秀逸)→しゅう《syû》いつ　てう《teu》ど(調度)→ちょう《tyô》ど

接続詞は、活用しない自立語。前後の文や語をつなぐ**接続語**になる。

④ 助動詞

□次のア～エの文の中から、――線部が助動詞であるものをすべて選び、記号で答えなさい。

ア 長い間友人を待たせる。　イ 山頂から街をながめる。

ウ 新鮮《しんせん》な野菜を食べる。　エ かべにはったポスターを見る。

ア・エ

助動詞は、活用する付属語。主に用言や体言の下に付いて、意味を添《そ》える。

例 「たい」（希望を表す）…学校へ行きたい。　映画を見たかった。

「だ」（断定を表す）…これが答えだ。　昨日は部活動の日だった。

「れる・られる」（受身・可能・自発・尊敬を表す）…多くの人に読まれる。

⑤ 助詞

□次のア～エの文の中から、――線部が助詞であるものをすべて選び、記号で答えなさい。

ア かすかな音さえしない。　イ 静かに勉強をする。

ウ ピアノの音に耳をすます。　エ 手紙を届けよう。

ア・ウ

助詞は、活用しない付属語。体言やほかの助詞に付いて、意味を添える。

例 「が」（主語を表す）…犬が歩く。　「こそ」（強調を表す）…君こそうまい。

「に」（時・場所・結果・起点・原因・対象などを表す）…五時に行く。

10 単語の分類③

❶ 連体詞

□次の文から連体詞を三つ探し、——線を引きなさい。

この機会に、あらゆる視点からわが町の現状をくわしく分析《ぶんせき》する必要がある。

連体詞は、活用しない自立語。常に体言を修飾《しゅうしょく》する。

❷ 副詞

□次の各文から副詞を二つずつ探し、——線を引きなさい。

(1) 明日の練習に決して遅《おく》れないように、しっかり時間を確かめた。

(2) 私が仮に生徒会長になったら、もっと行事に力を入れたい。

副詞は、活用しない自立語。主に用言を修飾する。形容動詞との混同に注意。

例 元気に歩く。（言い切り「元気だ」→形容動詞） たまに行く。（活用しない→副詞）

❸ 接続詞

□次の文章中から接続詞を一つ探し、——線を引きなさい。

ちょうど今カレーを作っている。いつもより多めにスパイスを入れた。つまり、今日のカレーは辛口《からくち》だ。

動詞は、活用する自立語（＝用言）。**動作**・**作用**・**存在**を表し、言い切りが**ウ段**の音になる。

※主語の動作や作用などを表す**自動詞**と、主語以外におよぶ動作や作用を表す**他動詞**がある。

例　自動詞…妹が起きる。　他動詞…母が妹を起こす。

※動詞としての本来の意味がうすれ、直前の語や文節に意味を添《そ》える働きをする語を**補助動詞**という。

例　準備をしておく。

③ 形容詞

□次の――線ア～オの中から、形容詞であるものをすべて選び、記号で答えなさい。

ア赤いリボンをイつけた犬は、ウとてもエ元気でオ優《やさ》しい性格だ。　**ア・オ**

形容詞は、活用する自立語（＝用言）。**状態**や**性質**を表し、言い切りが「**い**」になる。

④ 形容動詞

□次の――線ア～オの中から、形容動詞であるものをすべて選び、記号で答えなさい。

ア彼《かれ》はイ有名な歌手で、ウいつもエていねいに質問にオ応じている。　**イ・エ**

形容動詞は、活用する自立語（＝用言）。**状態**や**性質**を表し、言い切りが「**だ・です**」になる。

9 単語の分類②

❶ 名詞

□次の各文の――線の名詞の種類を答えなさい。

(1) 身長を測る。 普通《ふつう》名詞

(2) エジソンの伝記。 固有名詞

(3) 十本の鉛筆《えんぴつ》。 数詞

名詞は、活用しない自立語で、主語になることができる(＝体言)。名詞には、次の種類がある。

- 普通名詞…物事の一般的《いっぱんてき》な名称《めいしょう》を表す。例 自転車　テニス　夢
- 固有名詞…人名や地名など、特定の物事の名称を表す。例 夏目漱石《なつめそうせき》　徒然草《つれづれぐさ》　東京駅
- 代名詞
  - 人称代名詞…人を指し示す。例 あなた　私
  - 指示代名詞…物事・場所・方向を指し示す。例 これ　そこ
- 数詞…数量や順序などを表す。例 二個　三階　五番
- 形式名詞…もとの意味がうすれ、必ずほかの語に修飾《しゅうしょく》されて使われるもの。例 楽しいこと

❷ 動詞

□次の文から動詞を含《ふく》む文節を、すべて抜《ぬ》き出しなさい。

外に出てみると、急に強い風が吹《ふ》いた。 出て・みると・吹いた

❷ 自立語と付属語

□次の各文の――線部の言葉は、自立語か付属語かを答えなさい。

(1)とても暑い。 自立語　(2)明日は暑いそうだ。 付属語　(3)駅まで歩く。 付属語

自立語の性質…①その語単独で、一つの文節を作ることができる。②常に文節の最初にある。③一文節の中には、常に一つの自立語がある。（一文節の中には、自立語は一つしかない。）

付属語の性質…①単独で文節を作れず、常に自立語に付属する。②一文節の中には、付属語がない場合もある。③一文節の中に、複数の付属語がある場合もある。

❸ 活用とは

□ほかの語とつながるように、単語が形を変えることを活用という。

単語が変化する形を活用形という。活用形は、次の種類がある。

①未然形…「ない」「う」などに続く形。　②連用形…「ます」「て」などに続く形。

③終止形…言い切りの形。　④連体形…名詞(体言)に続く形。

⑤仮定形…「ば」に続き、仮定の意味を表す形。　⑥命令形…命令して言い切る形。

例「書く」 未然形：書かない、書こう　連用形：書きます、書いて　連体形：書くこと

仮定形：書けば　命令形：書け

国語

8 単語の分類①

① 品詞分類表

□言葉の最小単位である単語は、自立語か付属語か、活用するかしないかなどの観点から十種類の品詞に分けることができる。

単語を品詞ごとに分類した左のような表を品詞分類表という。

単語
- 自立語
  - 活用し、述語になる
    - 言い切りがウ段の音……動詞
    - 言い切りが「い」……形容詞
    - 言い切りが「だ」「です」……形容動詞
  - 活用しない
    - 主語になることができる……名詞
    - 修飾語《しゅうしょくご》になる
      - 主に用言を修飾する……副詞
      - 常に体言を修飾する……連体詞
    - 接続語になる（前後の文や語をつなぐ）……接続詞
    - 独立語になる（感動や応答を示す）……感動詞
- 付属語
  - 活用する……助動詞
  - 活用しない……助詞

※補助の関係をつくる文節には、「いる」「おく」「みる」「ある」「くれる」「もらう」「あげる」「くる」などがある。これらのように補助的な意味を添《そ》える働きをする場合は、本来の言葉の意味がうすれているので、ひらがなで書かれることが多い。

例 遊んでいる　考えておく　やってみる　書いてある　手伝ってくれる
貸してもらう　買ってあげる　歩いてくる

③ 連文節

□次の各文の――線部が、主部、述部、修飾《しゅうしょく》部《ぶ》、接続部、独立部のどれにあたるかを答えなさい。

(1) 駅の　東側に　バス乗り場が　あります。　修飾部

(2) 先頭を　走る　選手は　もうすぐ　ゴールに　着く。　主部

(3) 目標を　達成したので、　私たちは　満足して　いる。　接続部

(4) この　会社の　社長は　すばらしい　人物です。　述部

(5) 次の　お客様、　こちらの　部屋に　入って　ください。　独立部

二つ以上の文節がひとまとまりになって、一つの文節と同じ働きをするものを連文節という。連文節の文の成分は、主部・述部・修飾部・接続部・独立部と呼ばれる。

※並立の関係、および補助の関係にある文節どうしは、必ず連文節になる。

国語

7 文の成分・文節どうしの関係③

❶ 並立の関係

□次の各文について、並立《へいりつ》の関係になっている二つの文節に——線を引きなさい。

(1)私は　朝食に　スープと　野菜を　用意した。

(2)この　かばんは　新しくて　大きい。

(3)図書室で　はしゃいだり　走ったり　しては　いけない。

二つ以上の文節が、意味のうえで**対等**に並んでいる関係。

❷ 補助の関係

□次の各文について、補助の関係になっている二つの文節に——線を引きなさい。

(1)紹介《しょうかい》された　本を　さっそく　読んで　みる。

(2)私たちは　しばらく　ベンチに　すわって　いた。

(3)大切な　ことは　メモに　残して　おこう。

下の文節がすぐ上の文節の意味を**補足**する関係。

❸ 接続の関係

□次の各文について、接続の関係になっている二つの文節に——線を引きなさい。

(1) 歩き続けたので、私は 疲《つか》れた。

(2) この ペンは 小さいけれど 使いやすい。

文と文、文節と文節とをつなぐ文節〈＝接続語〉と、その後に続く部分との関係。条件や理由などを表す。「雨が降った。しかし、外出した。」のように、文＋接続語＋文節の形のものや、「雨だったが、外出した。」のように、接続語を含む文節＋文節の形のものなどがある。

❹ 独立の関係

□次の文から独立語を一文節で抜き出しなさい。

一九九八年、その 年は 長野で 冬季五輪が 開催《かいさい》された。

一九九八年

ほかの文節とは直接関係がなく、それだけで独立している文節〈＝独立語〉と、そのほかの文節との関係。感動・応答・呼びかけ・提示などを表す。

例 感動…まあ　応答…いいえ　呼びかけ…お父さん、今日はどこへ行こうか。

提示…和食、それは日本の文化。

6 文の成分・文節どうしの関係②

❶ 主・述の関係

□次の各文から主語と述語をそれぞれ一文節で抜《ぬ》き出しなさい。

(1)朝の　空気は　とても　さわやかだ。　主語：空気は　述語：さわやかだ

(2)先日は　私も　妹と　ともに　ピアノを　練習した。　主語：私も　述語：練習した

「何が(だれが)」にあたる文節〈＝主語〉と、「どうする」「どんなだ」などにあたる文節〈＝述語〉との関係。

❷ 修飾・被修飾の関係

□次の各文の――線部が修飾《しゅうしょく》している文節を抜き出しなさい。

(1)ぼくたちは　美しい　景色を　画用紙に　描《えが》いた。　景色を

(2)この　公園では　いつも　犬を　見かける。　見かける

ほかの文節をくわしく説明する文節〈＝修飾語〉と、くわしく説明される文節〈＝被修飾語《ひしゅうしょくご》〉との関係。

※修飾語には、体言(名詞)を含《ふく》む文節にかかる修飾語である連体修飾語と、用言(動詞・形容詞・形容動詞)を含む文節にかかる修飾語である連用修飾語がある。

③ 修飾語

□次の各文の——線部を修飾《しゅうしょく》している文節を二つ抜き出しなさい。

(1) 校庭の　木に　小さな　かわいい　鳥が　とまる。

小さな　かわいい

(2) チームの　キャプテンは　みんなを　しっかり　まとめた。

みんなを　しっかり

修飾語は、ほかの文節をくわしく説明する文節である。一つの文の中に複数用いられることもある。

④ 接続語

□次の各文から接続語を一文節で抜き出しなさい。

(1) 天気は　よかった。けれども　気温は　低かった。

けれども

(2) 図書館で　本を　借りたので、家で　じっくり　読もう。

借りたので

接続語は、前後の文や文節を つなぐ働き をしたり、後にくる部分の理由や条件などを示す働きをしたりする文節である。

⑤ 独立語

□次の各文から独立語を一文節で抜き出しなさい。

(1) おや、ここに　かえるが　いるよ。

おや

(2) おはよう、今日は　風が　強いね。

おはよう

独立語は、ほかの文節とは直接関係がなく、それだけで独立している文節である。

5 文の成分・文節どうしの関係①

❶ 主語

□次の各文から主語を一文節で抜《ぬ》き出しなさい。

(1)昨日、弟が　新しい　自転車を　買った。　弟が

(2)一時間後には　私の　友人も　ここに　来ます。　友人も

主語は、「何が(何は)」「だれが(だれは)」を表す文節である。

※主語は「〜が」「〜は」の形で表されるものだけではない。「君も行こう。」「私だけ食べる。」「彼《かれ》こそふさわしい。」のように、「〜も」「〜だけ」「〜こそ」などの形も主語になる場合がある。

❷ 述語

□次の各文から述語を一文節で抜き出しなさい。

(1)祖父は　畑に　大根の　種を　まいた。　まいた

(2)図書館は　市役所の　すぐ　近くに　ある。　ある

(3)あの　お店の　ケーキは　とても　おいしい。　おいしい

述語は、「どうする」「どんなだ」「何だ」「ある(いる)」「ない」を表す文節である。

2 文節とは

□次の各文を文節に区切りなさい。

(1) 休日は｜たくさん｜本を｜読みたいです。

(2) バスが｜来るまで、｜ここで｜待って｜いる。

(3) 目標は｜試合で｜勝つ｜ことだ。

文節の切れ目は、区切れ目に「ネ・サ・ヨ」などを入れてみるとわかりやすい。

例 私は〈ネ〉｜先生に〈ネ〉｜質問を〈ネ〉｜した〈ヨ〉。

3 単語とは

□次の各文を単語に区切りなさい。

(1) 十月｜に｜音楽会｜を｜行い｜ます。

(2) 姉｜は｜旅行｜の｜計画｜を｜ゆっくり｜説明し｜た。

(3) この｜山｜に｜うぐいす｜が｜いる｜ようだ。

単語は、働きによって、いくつかの種類に分けられる。

・「りんご」など物の名前を表すもの。

・「歩く」や「赤い」など動きや様子を表すもの。

・「に」「を」「られる」など別の単語について文節をつくるもの。

4 言葉の単位

① 文章・段落・文・文節・単語

□次の［　］に適する言葉の単位を答えなさい。

［文章］

来週の日曜はピアノコンクールだ。毎日、私は、家で一生懸命《いっしょうけんめい》練習にはげんでいる。
兄は、私の練習の様子を見て、きっとうまくいくと勇気づけてくれた。

［文］

［段落］

言葉の単位は大きい順に、［文章］→［段落］→［文］→［文節］→［単語］となっている。

・［文章］…言葉の最も大きい単位で、ひとまとまりの内容を文字で書き表したもの。
・［段落］…文章を内容ごとに区切ったひとまとまり。［形式］段落は、改行して段落の初めを一字下げたもの。［意味］段落は、いくつかの段落を内容でまとめたもの。
・［文］……句点(。)までのひと続きの言葉。
・［文節］…意味が不自然にならない範囲《はんい》で、文をできるだけ短く区切ったひとまとまり。
・［単語］…文節をさらに細かく区切った、意味をもつ［言葉の最小単位］。

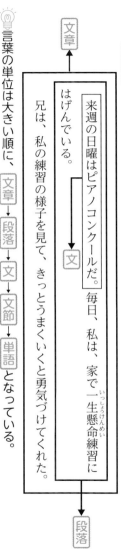

❷ 接続語の種類と性質

□次の[　　]に適する接続語を〔　　〕から選びなさい。

(1) 七月を迎《むか》え、夏休みも目前である。[しかし]、なかなか気温が上がらない。

(2) 姉は書道が得意だ。[また]、絵を描《か》くのもとてもうまい。

(3) 遊園地に行くのは土曜日がいいですか。[それとも]、日曜日がいいですか。

(4) そこは初めて訪《おとず》れる街だった。[だから]、僕《ぼく》たちは道に迷ってしまった。

〔 だから　しかし　また　それとも 〕

接続語は、前後の文や語句がどのような関係でつながっているのかを示す言葉。次のような種類がある。

- [順接]…前に述べた事柄《ことがら》が、後に述べることの原因・理由となる。 例 だから　したがって
- [逆接]…前に述べた事柄とは逆の事柄が後にくる。 例 しかし　ところが
- [並立《へいりつ》(並列)]・[累加《るいか》(添加《てんか》)]…前に述べた事柄に[並べ]たり、[付け加え]たりする。
  例 また　なお　そして
- 対比・選択《せんたく》…前に述べた事柄と[比べ]たり、どちらかを[選ん]だりする。 例 または　それとも
- 説明・補足…前に述べた事柄について[説明]や[補足]をする。 例 つまり　なぜなら
- 転換《てんかん》…前に述べたことと[話題を変える]。 例 ところで　さて　では

国語

3 指示語・接続語

❶ 指示語の種類と性質

□次の――線部の指示する語句が指している部分を抜《ぬ》き出しなさい。

(1)今、ホットケーキを焼いているので、これをみんなで食べよう。　ホットケーキ

(2)東側のビルを見てください。あそこに新しい書店ができます。　東側のビル

(3)「はじめまして。」私は、山田さんに対してそうあいさつした。　「はじめまして。」

指示語は、具体的な名称《めいしょう》の代わりに物や場所などを指し示す言葉。「こそあど言葉」ともいう。

	近称(こ)	中称(そ)	遠称(あ)	不定称(ど)	例文
物事	これ	それ	あれ	どれ	それは私の本です。
場所	ここ	そこ	あそこ	どこ	駅はどこですか。
方向	こちら	そちら	あちら	どちら	あちらの店に行こう。
指定	この	その	あの	どの	その山は危険だ。
状態	こう	そう	ああ	どう	父はそう言った。
性質	こんな	そんな	あんな	どんな	こんなことは初めてだ。

例　生(生《う》まれる／生《い》きる／生《は》える／生《い》ける)　行(行《ゆ》く／行《おこな》う)

❷ 重箱読み・湯桶読み

□次の熟語を読み、重箱《じゅうばこ》読みか湯桶《ゆとう》読みかを答えなさい。

(1)本場　ほんば・重箱読み　(2)雨具　あまぐ・湯桶読み　(3)朝晩　あさばん・湯桶読み

(4)素顔　すがお・重箱読み　(5)荷物　にもつ・湯桶読み　(6)番組　ばんぐみ・重箱読み

熟語の上下の漢字を、音と訓を組み合わせて読むものがある。「重箱」は「重」を音読み、「箱」を訓読みで読む。上の漢字を音、下の漢字を訓で読むことを重箱読みという。また、「湯桶」は「湯」を訓読み、「桶」を音読みで読む。上の漢字を訓、下の漢字を音で読むことを湯桶読みという。

❸ 二通りの読み方をする熟語

□次の熟語を文意に合わせて読みなさい。

(1)生物…深海の生物せいぶつを研究する。／冷蔵庫に生物なまものを入れる。

(2)人気…幼児に人気にんきの教育番組。／人気ひとけのない道を避《さ》けて帰る。

(3)背筋…腹筋と背筋はいきんを鍛《きた》える。／怪談《かいだん》話を聞いて背筋せすじが凍《こお》る。

同じ漢字を使った熟語でも、読み方の違いによって、異なる意味を表すものがある。熟語が文脈の中でどのような意味で使われているかを考えて読み方を判断する。

2 漢字の音訓

❶ 音読み・訓読み

□漢字には、中国語での発音をもとにした読み方である音読みと、漢字のもつ意味を日本語にあてはめた訓読みがある。

①音読み

□次の（　）の意味になる、音読みの漢字二字の熟語を答えなさい。

(1)（最も強い）→最強　(2)（街の灯《あか》り）→街灯　(3)（頭が痛い）→頭痛

音読みは、その読みが「中国のどの地域から伝わったか」「いつの時代に伝わったか」の違《ちが》いにより呉《ご》音・漢音・唐《とう》音の三種類に分けられる。

②訓読み

□次の漢字を送りがなに気をつけて読みなさい。

細ほそいトンネルを抜《ぬ》けると、細こまかい雪が降り始めた。

漢字を訓読みするとき、読み方をわかりやすくするために漢字に添《そ》えるかなを送りがなという。

※次のような漢字は、送りがなによって読みや意味が異なってくるので注意する。

辶 部首名 しんにょう〔しんにゅう〕 意味 行く・進む 〈道・退・追〉

口 部首名 くにがまえ 意味 囲む 〈国・園・回〉

❷ 漢字の組み立て

□次の漢字を組み立てている部分の名称《めいしょう》や部首名を答えなさい。

へん		字の左部分	禾（のぎへん） 言（ごんべん） 犭 けものへん
つくり		字の右部分	頁 おおがい 隹（ふるとり）
かんむり		字の上部分	亠（なべぶた） 穴（あなかんむり） 癶 はつがしら
あし		字の下部分	灬（れっか・れんが） 心（こころ） 㣺（したごころ）
たれ		字の上から左	厂 がんだれ 广 まだれ 疒（やまいだれ）
にょう		字の左から下	辶（しんにょう・しんにゅう） 廴（えんにょう）
かまえ	  	字のまわり	口（くにがまえ） 匚 はこがまえ 門 もんがまえ 行（ぎょうがまえ）

「泳」の場合はへんが「さんずい（氵）」、つくりが「永」である。このように漢字は複数の部分を組み合わせてできているものが多い。

国語

1 漢字の部首・組み立て

1 部首の種類

□次の漢字の部首を抜《ぬ》き出しなさい。また、部首名を答えなさい。

(1)供 部首 亻 部首名 にんべん

(2)庁 部首 广 部首名 まだれ

(3)郡 部首 阝 部首名 おおざと

(4)若 部首 艹 部首名 くさかんむり

(5)折 部首 扌 部首名 てへん

(6)兄 部首 儿 部首名 ひとあし

(7)街 部首 行 部首名 ぎょうがまえ

(8)肥 部首 月 部首名 にくづき

漢和辞典では、字形の上から似た部分をもつ漢字を集め、同じ部類としてまとめている。その際の基準となる部分のことを、部首という。部首は漢字の意味が関係している。

例

ネ	部首名 しめすへん	意味 神・祭事	〈神・祈・祝〉
刂	部首名 りっとう	意味 刀	〈刑・削〉
宀	部首名 うかんむり	意味 家屋	〈家・守・客〉
灬	部首名 れっか〔れんが〕	意味 火・熱	〈熱・然〉
疒	部首名 やまいだれ	意味 病気	〈病・痛〉

国語

スマホで一問一答！

●編　者
数研出版編集部
●カバー・表紙デザイン
株式会社クラップス
●写真出典
公益財団法人するが企画観光局
ColBase（https://colbase.nich.go.jp/）

初版
第１刷　2021年12月１日　発行
第２刷　2024年10月１日　発行

発行者　星野 泰也
ISBN978-4-410-15545-1

本とスマホでどこでも！　５教科ポイントまとめ　中１

発行所　数研出版株式会社

〒101-0052 東京都千代田区神田小川町２丁目３番地３
〔振替〕00140-4-118431
〒604-0861 京都市中京区烏丸通竹屋町上る大倉町205番地
〔電話〕代表（075)231-0161
ホームページ　https://www.chart.co.jp
印刷　河北印刷株式会社
乱丁本・落丁本はお取り替えいたします　240902